Collection dirigée par Annette FLOBERT

TIBULLE

ÉLÉGIES

(premier livre)

Traduction Max PONCHONT

Texte présenté et annoté
Questions
Groupement de Textes
Versions

par

Annette FLOBERT
Agrégée de Grammaire

HATIER
LES BELLES LETTRES
2001

Édition : Christine Grall

AVANT-PROPOS

Vous trouverez dans cet ouvrage l'œuvre inscrite à votre programme pour les années 2001-2002 et 2002-2003, accompagnée de la traduction. Certains d'entre vous se demandent peut-être : que reste-t-il à faire, puisque le texte est déjà traduit ? Il vous reste tout à faire : d'abord à comprendre le texte, les notes sont là pour vous aider dans cette tâche, elles s'efforcent d'être claires, précises, utiles. Il ne suffit pas de fournir le sens d'un mot ou d'expliquer une construction ; encore faut-il préciser l'usage particulier de l'auteur, la coloration poétique d'une expression, la rareté d'une formule, les intentions enfin qui justifient le choix et l'emploi du vocabulaire, en prose comme en vers. Il vous reste surtout à découvrir l'agrément, la beauté, la force du texte, la vigueur de la pensée, les grands faits de civilisation qui ont marqué une période et façonné notre monde actuel. Pour cela, les questions que nous vous avons posées peuvent vous être précieuses, les unes concernent la langue, la plupart d'entre elles vous invitent à approfondir le sens du passage en le replaçant dans son contexte politique, social ou philosophique. Les grandes œuvres se recommandent par l'adéquation des mots et de la pensée : c'est à ce travail d'explication de texte que vous êtes conviés. De nombreux regroupements vous sont proposés de façon à illustrer la permanence du genre, depuis les « modèles » grecs qui servent de référence jusqu'à la littérature moderne. Vous en trouverez la liste p. 192.

Le programme vous invite cette année à découvrir le poète élégiaque Tibulle, ami d'Horace et d'Ovide. Pour enrichir votre lecture, nous avons groupé par thèmes des extraits d'autres auteurs portant sur des sujets voisins de façon à fournir des bases à la comparaison et à mieux apprécier la part personnelle de notre auteur. Des questions d'ensemble vous aideront à regrouper les remarques de détail et à vous faire une idée plus précise des intentions du poète. Les versions sont toutes tirées des poètes élégiaques.

1er juillet 2001.

Programme pour l'année scolaire 2001-2002 :

SÉNÈQUE, *Lettres à Lucilius* (1-9)
TIBULLE, *Élégies* (I, 1, 2, 3, 5, 6, 10)

Épreuve écrite

Série L, épreuve obligatoire et de spécialité (durée ; 3 heures ; coefficient 4)

L'épreuve porte sur un programme renouvelable annuellement par moitié et comportant deux œuvres, une en prose et une en vers. L'épreuve est composée de deux parties. Le dictionnaire est autorisé pour chaque partie.

• **Première partie** ; étude d'un texte extrait d'une œuvre du programme (cinquante points).

Questionnaire portant sur un extrait, donné avec sa traduction, de l'une des œuvres au programme (trente ou quarante lignes ou vers environ). Les questions ont pour but de vérifier que les candidats sont capables de procéder à une lecture pertinente du texte, c'est-à-dire à une lecture qui rende compte du texte, de sa spécificité, de sa portée, par exemple à partir de la structure, d'indices grammaticaux, lexicaux, stylistiques et prosodiques, des réseaux de formes et de significations, des références historiques, littéraires, culturelles... On ne s'interdit pas de proposer un rapprochement avec une œuvre de la littérature française, moderne et contemporaine, dont un extrait est fourni aux candidats. Une des questions peut faire appel à la scansion (hexamètre, pentamètre, trimètre iambique). **Les questions sont au nombre de cinq**. Le nombre de points attribués à chacune d'entre elles est indiqué.

• **Deuxième partie** : version (cinquante points). Traduction d'un texte d'une soixantaine de mots, obligatoirement emprunté à l'un des deux auteurs du programme, mais en dehors des œuvres inscrites au programme. Il est accompagné de tous les éléments utiles à sa compréhension, par exemple d'un titre, d'une notice de présentation si c'est nécessaire, de la traduction du passage qui le précède ou de celui qui le suit, ou de l'un et de l'autre.

Épreuves orales

Épreuves de contrôle du second groupe en série L. Épreuve de premier groupe en série ES. Épreuve facultative en série L, ES et S (temps de préparation : 30 minutes ; durée de l'épreuve : 15 minutes).

Le candidat présente à l'examinateur une liste de textes étudiés en classe terminale. Cette liste mentionne :

1) les méthodes, lignes directrices et contenus retenus pour l'étude de chacune des deux œuvres intégrales inscrites au programme ;
2) les passages de ces œuvres qui ont donné lieu à traduction, explication et commentaire approfondis ;
3) éventuellement des groupements de textes extérieurs au programme, constitués par le professeur.

L'ensemble des textes expliqués et traduits extraits des œuvres ou des groupements de textes représente un total d'environ **vingt pages de trois cents mots chacune**.

L'élève dispose des œuvres du programme et des textes du groupement dans **l'édition scolaire** utilisée pendant l'année. La traduction est masquée. L'usage du dictionnaire est autorisé. L'épreuve porte sur un passage de douze à quinze lignes ou vers, tiré de la liste de textes présentée par le candidat.

Extrait du B.O. n° 30, 4 septembre 1997

SOMMAIRE

Délos île sacrée des grecs île d'Apollon
trésor de l'empire d'Athènes

Délie qui vient de Délos Muse
aspect poétique concilié avec l'érotique

Le roman de Délie.
roman autobiographique → XIXe romantisme
+10 1↔10 le premier livre est ensemble
début et fin. vision du bonheur
et affres de l'amour

INTRODUCTION

Tibulle a été de son temps un poète reconnu, estimé, et sa mort prématurée fut saluée avec émotion par ses amis. Il a vécu à une époque où se réalisait l'espoir de toute une génération d'assister à la fin d'un siècle de guerres civiles : les années qui suivirent l'assassinat de César en 44 av. J.-C. furent particulièrement atroces dans tout le bassin méditerranéen et en particulier sur le sol de l'Italie.

Auguste a voulu que son principat, dont on peut dater le début en l'année 27 av. J.-C. — le sénat lui décerne alors le surnom d'*Augustus* —, marque aussitôt le début d'un monde nouveau ; la joie de la paix retrouvée éclate partout, dans toutes les formes de l'art, l'architecture et la sculpture, la peinture et, bien entendu, en littérature. Il ne suffit pas de célébrer le retour de la paix, il faut relever le pays de ses ruines, panser les plaies, rendre à Rome sa place dans le monde, faire en sorte qu'elle mérite plus que jamais le titre de merveille du monde, *pulcherrima rerum* (Virgile, *cf.* p. 182). Cette période fut marquée aussi par la libération des mœurs, dont les Élégiaques se font l'écho, et qui entraînera des mesures sévères dont Ovide fut une des premières victimes. Les poètes sont invités à s'associer à ce travail de restauration nationale ; c'est dans cet esprit que Tite-Live écrit l'*Histoire de Rome*. Leur action, pacifique et morale, concourt, au même titre que les armes, à l'effort de pacification qui se poursuit en Orient comme en Occident.

Les écrivains de l'empire célèbrent les vertus du passé qui ont façonné la puissance de Rome, s'associent au culte des dieux garants de l'avenir : c'est sur ce fond de patriotisme profondément empreint de sentiment religieux que s'écrit désormais et pour longtemps la littérature latine. Auguste, secondé par Mécène, encourage directement les artistes. César, le premier, avait fondé une bibliothèque publique sur le modèle de celle qu'il avait pu admirer à Alexandrie : l'exemple fut bientôt suivi par Pollion (il avait par ailleurs développé la mode des *recitationes,* lectures publiques données par l'auteur qui souvent lit lui-même son œuvre), puis par Auguste qui fonda l'Octavienne sur le forum puis la Palatine : il manifestait ainsi sa volonté d'ouvrir au plus grand nombre l'accès à la culture, tout en exerçant une censure discrète sur les auteurs.

I — QUE SAVONS-NOUS DE TIBULLE ?

C'est un des paradoxes de la poésie d'inspiration personnelle, qui n'est jamais purement autobiographique, et Tibulle n'échappe pas à la règle : nous connaissons mal les détails de sa vie. Son œuvre fournit peu de renseignements et les témoignages de ses amis demeurent discrets ou sujets à caution. Nous savons seulement qu'il est mort jeune, peu après Virgile : nous devons cette précision à Domitius Marsus, un poète ami et membre de l'entourage de Messalla (le reste de son œuvre est perdu) :

Te quoque Vergilio comitem non aequa, Tibulle,
mors juvenem campos misit in Elysios,
ne foret aut elegis molles qui fleret amores
aut caneret forti regia bella pede.

« Toi aussi, Tibulle, une mort prématurée t'a envoyé en compagnie de Virgile, dans les Champs Élysées ; il n'y a plus personne pour pleurer en distiques élégiaques les plaisirs de l'amour ou pour chanter les guerres des rois sur le mode héroïque. »

Cette indication permet de fixer approximativement la naissance de Tibulle vers 50, sa mort en 19 ou 18 av. J.-C. Plus jeune que Catulle (87-54, *cf.* texte p. 161), Virgile (70-19, *cf.* texte p. 182) ou son ami Horace (65-8, *cf.* texte p. 179), il appartient à la génération de Properce (47-15) et d'Ovide (43 av.-18 ap. J.-C., *cf.* texte p. 168).

Tibulle (Albius Tibullus, nous ignorons son prénom) nous parle plus volontiers de son cadre de vie, de sa famille, de ses amis que de lui-même. Il évoque avec émotion les séjours à la campagne de son enfance : on pense que c'est à Pedum, entre Tibur et Préneste (nous devons ce renseignement à Horace, *cf.* p. 14), qu'il fut élevé et qu'il ne vint à Rome que pour ses études. Tibulle parle avec tendresse de sa mère et de sa sœur, mais il ne semble avoir gardé aucun souvenir de son père qui a dû mourir quand il était encore enfant. Il décrit sous des traits souvent idéalisés la vie à la campagne, qui lui assure une modeste aisance, qu'il appelle *paupertas.* Le domaine familial, nous dit-il, a perdu de sa valeur : il n'est pas impossible que ce soit à la suite de spoliations comme celles dont Virgile fut victime près de Mantoue ou Horace à Venouse en Apulie, mais il ne semble pas que les environs de Rome aient été aussi touchés (il s'agissait d'installer comme fermiers les vétérans rendus à la vie civile). Il est plus probable que la propriété a périclité après la mort prématurée du père ou peut-être même de son vivant du fait d'une mauvaise gestion ou de quelque ruineuse passion. Horace (*Épîtres*, I, 4) nous met peut-être sur la voie en évoquant la manie qu'avait son père de collectionner les objets en bronze et qui le poussa vraisemblablement à contracter des dettes. En tout cas le poète reste très attaché aux paysages de son enfance, à ses Pénates, au dieu Lare protecteur, et c'est dans ce cadre privilégié qu'il rêve de vivre et mourir aux côtés de Délie ou même de recevoir, un jour, la visite de Messalla.

De rang équestre, Tibulle pouvait hésiter entre une carrière politique (le *cursus honorum*), militaire ou administrative. Il avait reçu une bonne formation d'orateur comme c'était la règle pour les jeunes gens de son rang et même avait plaidé avec succès, mais sa vocation l'appelait ailleurs. Un poète, jouissant d'une modeste aisance, ne pouvait vivre de son talent sans l'aide d'un *patronus* : en échange d'une aide matérielle, le poète lui dédiait son œuvre et contribuait à sa gloire. Tibulle se tourna vers M. Valerius Messalla Corvinus, qui appartenait à une des plus anciennes familles patriciennes de Rome : en 32, lorsque Messalla est désigné consul, il s'apprête à l'accompagner dans ses expéditions et devient membre du cercle d'amis cultivés et de poètes qui se pressaient autour de lui. Messalla était lui-même un lettré : outre des discours et des mémoires, il avait écrit des poésies légères dont il ne nous reste rien. Tibulle est ainsi appelé à partager son temps et ses occupations à Rome, à accompagner

Messala dans ses expéditions, comme membre de sa suite, *cohors*.

Ce cercle était sans doute moins puissant, moins officiel que celui de Mécène, qui bénéficiait de l'appui du pouvoir : en parfait épicurien, Mécène avait su préserver sa tranquillité, *otium* ; on trouvait parmi ses fidèles Virgile, Horace, Properce. Messalla, camarade d'études d'Horace, né sans doute en 64, était un homme politique et un homme d'action ; Ovide et Tibulle figuraient parmi les membres les plus en vue ; on y rencontrait aussi l'énigmatique Lygdamus (peut-être le frère aîné d'Ovide, mort très jeune), la poétesse Sulpicia ; ajoutons Aemilius Macer, Valgius Rufus, Cornelius Severus dont l'œuvre est perdue mais dont Tibulle nous parle à l'occasion. Messalla mourut en 8 ap. J.-C. : à la fin de la même année, Ovide était contraint de prendre le chemin de l'exil ; on peut penser que Messalla avait défendu son poète jusqu'au bout ou, si on préfère, Auguste aurait attendu la mort de Messalla pour punir le poète imprudent (*cf.* texte p. 168).

II — P. VALERIUS MESSALLA CORVINUS

On peut reconstituer en partie la carrière de Messalla d'après les allusions qu'on trouve chez Tibulle et les poètes du *corpus,* confirmées par Tacite et les historiens de la période. Messalla avait vingt ans lors de l'assassinat de César ; il se trouvait alors à Athènes où il achevait ses études comme c'était la coutume à l'époque. Un très fort mouvement en faveur de la liberté y était entretenu par Brutus et ses amis qui avaient cherché refuge dans la cité où la démocratie avait vu le jour. Horace s'y trouvait également. Commettant la même « erreur » politique, ils combattirent tous deux à Philippes en 42 dans les rangs de l'armée républicaine.

Après une défaite cuisante, tandis qu'Horace, de retour à Venouse, tentait de se faire oublier, Messalla se rendit à Antoine et le suivit en Orient. On le retrouve un peu plus tard à Rome où il exerce la préture en 37. À cette date il se range au côté d'Octave et participe à la campagne contre Sextus Pompée en Sicile : le revirement était complet et on dit même que, de retour à Rome en 32, il participa à la campagne de propagande contre Antoine. Les honneurs n'allaient pas tarder : consul en 31, il reçoit d'Octave le commandement d'une escadre à Actium et sera Préfet de la Ville en 27-26 : c'était un poste considérable. À l'occasion du triomphe de Messalla sur la Gaule le 25 septembre 27 et en l'honneur de son anniversaire (*Élégies*, I, 7), Tibulle célèbre quelques-uns de ses faits d'armes : en Orient (Cilicie, Palestine, Phénicie, Égypte, vers 13-22) et en Gaule (1-12). Le poète, qui avait dû renoncer à partir en Orient (I, 3), a participé personnellement à la campagne d'Aquitaine et à la pacification du pays et le proclame avec fierté.

De la même élégie, nous pouvons encore tirer quelques renseignements plus ou moins sûrs : Messalla était déjà remarié ou songeait à le faire en 27 ; de sa première épouse, Calpurnia, il avait un fils né en 39 (son élection comme *decemvir s.f.* est saluée par Tibulle, II, 5) ; un autre fils naîtra de son second mariage, il sera consul en 20 ap. J.-C. Après le triomphe, Messalla sera chargé de la réfection de la *Via Latina* : Auguste invitait les généraux qui avaient eu l'honneur du triomphe à utiliser l'argent du butin pour les travaux d'intérêt public (I, 7, vers 57-62).

Les rivalités entre le cercle de Mécène et le cercle de Messalla étaient amicales et plus intellectuelles que personnelles ; l'appartenance à un cercle n'était pas exclusive et Horace, intime de Mécène, est toujours resté proche de son ancien condisciple et ami de Tibulle ; seul Properce restait farouchement l'ami de Mécène : il faut dire que tous deux étaient étrusques et il devait y avoir de profondes affinités entre les deux hommes aux tempéraments pourtant si différents. Tibulle pour sa part n'accepta jamais de se plier aux directives de Mécène, *haud mollia jussa,* disait Virgile.

L'esprit des deux cercles était sans doute bien différent. « Le cercle de Mécène apparaît comme le cercle officiel de la littérature augustéenne, entretenant avec le pouvoir des liens de dépendance plus ou moins étroits : malgré la diversité des tempéraments réunis autour de Mécène, il nous paraît significatif que successivement Virgile, Horace et Properce aient été amenés, tôt ou tard, à exalter le sentiment national [...] Tout autre semble avoir été le concept de littérature à l'intérieur du cercle de Messalla auquel conviendrait mieux le terme de cénacle : totalement dépourvu du caractère officiel qui caractérise celui de Mécène, nous le définirions volontiers comme apolitique [...] » (A. Foulon, *REL,* 1991, p. 77).

III — LES TÉMOIGNAGES DES CONTEMPORAINS

Horace et Ovide nous parlent de leur ami, le premier dans ses *Odes* (I, 33, datée de 28) et une de ses *Épîtres* (I, 4), Ovide nous raconte la mort du poète dans une élégie des *Amores* (III, 9 ; le texte est cité p. 64).

Dans l'*Épître*, Horace donne à son ami un salut amical et lui rappelle ironiquement les erreurs du passé (Cassius est l'un des assassins de César) :

> *Albi, nostrorum sermonum candide judex*
> *quid nunc te dicam facere in regione Pedana ?*
> *scribere quod Cassi Parmensis opuscula vincat,*
> *an tacitum silvas inter reptare salubres,*
> *curantem quicquid dignum sapiente bonoque est ?*
> *Non tu corpus eras sine pectore ; di tibi formam,*
> *di tibi divitias dederunt artemque fruendi.*
> *Quid voveat dulci nutricula majus alumno,*
> *qui sapere et fari possit quae sentiat, et cui*
> *gratia, fama, valetudo contingat abunde,*
> *et mundus victus non deficiente crumina ?* [...]

« Albius, juge loyal de mes causeries, à quoi puis-je dire que tu t'occupes en ce moment dans le pays de Pédum ? composes-tu quelque chose qui doive surpasser les opuscules de Cassius de Parme ? ou bien vas-tu, silencieux et à petits pas, à travers les bois salubres, ayant en tête toutes les pensées dignes d'un sage et d'un homme de bien ? Non, tu n'étais pas un corps sans âme. Les dieux t'ont donné la beauté, ils t'ont donné des richesses, avec l'art d'en jouir. Une tendre nourrice pourrait-elle souhaiter à son cher nourrisson quelque chose de plus que d'être homme de sens, d'avoir des mots pour exprimer ce qu'il pense, de posséder sa large part de faveur, de réputation, de santé, de vie élégante, avec quelque argent dans sa bourse ? » (Traduction F. Villeneuve).

L'humour de cette courte pièce, qui nous renseigne sur l'emplacement du domaine familial, se retrouve dans la « signature », *Epicuri de grege porcum* (vers 16), « un porc dans le troupeau d'Épicure » ! Ces quelques vers nous donnent de précieuses indications sur la nature des relations qui existaient entre les deux poètes. Horace adresse ailleurs une consolation à notre poète, pour qu'il oublie son ressentiment (Glycère est le nom de celle que nous retrouverons dans le *corpus Tibullianum,* III, 19) :

Albi, ne doleas plus nimio memor
inmitis Glycerae neu miserabiliis
decante elegos, cur tibi junior
laesa praeniteat fide. (*Odes,* I, 33)

« Albius, ne te désole pas hors de toute mesure en songeant à l'inclémente Glycère, ne te répands point en élégies plaintives pour la raison qu'au mépris de la foi jurée un plus jeune t'éclipse à ses yeux... » (Traduction F. Villeneuve).

IV — LE ROMAN DE DÉLIE

C'est à partir de ces données incertaines qu'on peut tenter de reconstituer ce qu'on a appelé, peut-être à tort, le roman de Délie. Comme les autres jeunes femmes chantées par le poète, elle porte un nom d'emprunt, qu'il est facile de mettre en relation avec Phoebus-Apollon, le dieu de Délos : elle se trouve ainsi promue au rang d'inspiratrice du poète. Apulée nous apprend qu'elle s'appelait Plania. Délie n'apparaît que dans le premier livre des *Élégies :* dès la première pièce (vers 56) et ensuite 2, 3, 5, 6. Chaque élégie retrace une étape de leur histoire d'amour, avec ses alternatives de joie, de résignation et de désespoir : bonheur, déception, solitude, dépit, rupture, et s'inscrit dans le cadre des activités de Tibulle. De là est venue l'idée de dater l'aventure qui aurait duré au plus trois ans, de 31 (tourment de la séparation) à 28 (départ en Gaule). Voici l'ordre généralement admis pour le Livre Premier (on ne sait où placer les élégies à Marathus) :

Élégie I, 10 (où Délie n'apparaît pas) : 32
Élégie I, 1 : début 31 (contrariété à l'idée de partir avec Messalla)
Élégie I, 3 : printemps 31

Élégie I, 2 : année 30
Élégie I, 5 : 29
Élégie I, 6 : 28 : fin du roman d'amour.
L'Élégie I, 7 est la seule qu'on puisse dater avec certitude : après octobre 27.

L'aventure avec Marathus occupe trois élégies du premier livre, l'ordre est en apparence chronologique (4, 8, 9) : on s'est demandé si cet amour a été la cause (improbable) de la rupture avec Délie ou la conséquence : question oiseuse s'il en fut ! Il ne faut pas se faire d'illusions sur ces précisions chronologiques : Tibulle, c'est inévitable, a schématisé sa liaison avec Délie ; il est en outre impossible de décider si chaque élégie a été écrite immédiatement, sous le coup de l'émotion, ou au contraire à tête reposée, l'orage passé, ce que pour notre part nous croirions plus volontiers.

La publication du premier livre des *Élégies* date sans doute de 26 (après le triomphe de Messalla), mais il est probable que certaines pièces circulaient déjà ou avaient été lues devant des cercles restreints d'amis.

On a critiqué la notion même de « roman d'amour » dont Tibulle, comme les autres élégiaques, Properce en particulier, se serait plu à nous entretenir : « Pour croire que nos élégiaques racontent l'histoire de leur liaison, il faut ne les avoir pas lus. Le “roman de Tibulle et de Délie !” Il se réduit à cinq poèmes, qui seraient les cinq premiers du livre I, si une pièce sur l'amour des garçons n'était insérée entre le troisième et le quatrième. Nous connaissons déjà deux de ces élégies : une où le poète malade rêve de Délie filant chastement sous le chaperon de sa mère et une autre où il gémit à la porte de l'aimée, qu'un mari jaloux garde sous clé. Délie se serait-elle mariée entre-temps ? Non, car cette élégie-ci précède l'autre dans le recueil. Elle aurait donc plutôt divorcé ? Non, car Délie a son mari dans la dernière des cinq élégies [...] Ces poèmes ne témoignent pas d'une chronologie bouleversée : ils n'ont pas de chronologie du tout et chaque élégie traite ses thèmes indépendamment des autres ; seul le nom de Délie crée la fiction d'une série. On n'y voit pas les épisodes d'un amour, débuts, déclaration, séduction, brouille : le temps ne passe pas. » Et l'auteur, au terme de cette analyse pénétrante et assez iconoclaste, en vient à cette définition de l'élégie : « Elle est une poésie sans action, sans intrigue menant à un dénouement ou maintenant une tension, et c'est pourquoi le temps n'y a aucune réalité » (P. Veyne, *L'Élégie érotique romaine*, ch. 4 : « Les fausses confidences », p. 60-61). Le point de vue mérite, sinon d'être adopté sans réserves, du moins d'être discuté. On ne s'en est d'ailleurs pas privé.

Le poète a connu d'autres amours : avec Némésis (II, 3, 4, 6), qui est la « fille de Tendresse et de Tromperie » chez Hésiode, ce qui constitue tout un programme, et encore avec Glycère : le caractère de ces jeunes femmes est très différent et plaide en faveur de la sincérité du poète, à moins qu'il ait choisi délibérement de varier ses sources d'inspiration. Il faut nous résigner à l'idée que nous ne pourrons jamais identifier avec certitude ces jeunes femmes qu'il a chantées ni vérifier l'authenticité des faits qu'il raconte. La « vraie » personnalité de Tibulle apparaît plutôt dans les confidences qu'il nous fait sur ses goûts : le sentiment de la nature, la recherche du bonheur, la peur de la mort et l'amour de la vie, la tendresse et la fidélité en amitié. Dépourvu d'ambition, il préfère sa tranquillité à la richesse et à la gloire. Attaché à la religion et, d'une façon plus générale, aux traditions, il s'associe volontiers aux fêtes et vénère les dieux (I, 1 ; II, 1). Qui peut nous dire si c'est même sa véritable personnalité ? Les conventions ont peut-être forgé le personnage qu'il laisse de lui à la postérité, ce portrait en mi-teinte, cette présence pleine de bienveillance et de prévenances, toujours discrète et un peu effacée.

V — LE *CORPUS TIBULLIANUM*

On donne ce nom à l'ensemble des œuvres poétiques groupé dans les manuscrits et mis sous le nom de Tibulle. Le premier livre comporte dix pièces de longueur variable, la plus longue, la seconde, compte 100 vers, les plus courtes dépassent à peine 60 vers. Deux aventures y figurent : Délie (1, 2, 3, 5, 6) et Marathus (4, 8, 9), l'élégie 7 célèbre l'anniversaire de Messalla ; enfin la 10ᵉ est la plus ancienne : le poète y fait l'éloge de la Paix.

Le deuxième livre (six élégies) peut n'avoir été publié qu'après la mort du poète ; l'inspiration ne diffère guère de celle du premier : bonheur de la vie à la campagne, liaison tumultueuse avec

Némésis ; il s'y ajoute un poème de circonstance, en l'honneur du fils de Messalla qui venait d'être élu *decemvir sacris faciundis et Sibyllinis libris inspiciundis :* cette fonction religieuse réservée aux familles patriciennes marquait le début de la carrière politique.

Le reste du *corpus* est composite : le troisième livre est d'un poète qui se fait appeler Lygdamus : c'est un nom d'emprunt sous lequel se cache sans doute le frère d'Ovide, son aîné d'un an, qui devait mourir jeune ; il faisait partie du cercle de Messalla et la publication de son œuvre était sentie comme un devoir pour ses amis. Des cinq élégies que contient le troisième livre, une seule n'est pas consacrée à Néère, la jeune femme qu'il aime et qui le fait souffrir : la cinquième pièce nous montre le poète malade et hanté par la pensée de la mort. Nous trouvons encore à la suite de Lygdamus le *Panégyrique de Messalla*, dont l'auteur nous est inconnu, et qui n'a sûrement pas sa place dans le recueil : écrit en hexamètres dactyliques, il est d'une grande médiocrité, prévoit des conquêtes imaginaires et ne nous renseigne même pas utilement sur la carrière de Messalla ; on pense qu'il a été écrit par un des membres du cercle, peut-être à l'occasion du consulat (31 av. J.-C.).

Le quatrième livre est tout différent : il nous propose six courtes pièces de Sulpicia, nièce de Messalla, en distiques élégiaques (de trois à cinq ; la pièce 9 n'en comporte que deux). Ces épigrammes, charmantes et pleines de feu, ont été « récrites » par Tibulle qui traite le même thème sous une forme plus élaborée, plus travaillée et, nous dirions volontiers, plus froide et impersonnelle.

Nous ne résistons pas au plaisir de citer ce spécimen écrit par la première en date des poétesses romaines, la quatrième du groupe, avec la jolie traduction qu'en propose J. Bayet (*Littérature latine,* 265-266) :

Invisus natalis adest, qui rure molesto
et sine Cerintho tristis agendus erit.
Dulcius urbe quid est ? An villa sit apta puellae
atque Arretino frigidus amnis agro ?
Jam, nimium Messalla mei studiose, quiescas ;
non tempestivae saepe, propinque, viae.
Hic animum sensusque meo abducta relinquo
arbitrio, quamvis non sinis esse, meo.

« Odieux anniversaire, qu'il me faudra passer dans une ennuyeuse campagne et toute triste, sans Cérinthus ! Qu'y a-t-il de plus doux que la Ville ? Une maison de campagne, un fleuve glacial à travers les champs d'Arrétium, est-ce le fait d'une jeune fille ? Maintenant, Messalla, — vous vous occupez trop de moi —, maintenant, reposez-vous ! ces voyages tombent souvent à contretemps, mon parent. Ici restent, quand vous m'emmenez, mon âme et mes pensées, si peu de liberté que vous me laissiez. »

VI — LE GENRE ÉLÉGIAQUE

Les modèles grecs

La poésie élégiaque apparaît très tôt en Grèce, dès le VIIe siècle : ce sont surtout des chants funèbres, des thrènes ou encore des exhortations morales (on peut citer Callinos, Tyrtée surtout qui nous est connu par les citations d'auteurs anciens) ; les distiques étaient accompagnés par la flûte phrygienne. L'étymologie du mot (d'où vient aussi *elogium* en latin, emprunt ancien au grec) n'est pas connue : pour les Grecs, cela signifiait « dire hé » ; le mot semble d'origine ionienne et c'est en effet en Asie Mineure qu'est né ce genre qui connut un épanouissement extraordinaire au début du Ve siècle à Athènes avec les poésies de Solon, un des Sept Sages, et de Théognis ; les fragments conservés sont suffisants pour que nous puissions juger de la tonalité de leurs poèmes : grave, mesurée, harmonieuse (à la différence des iambes, plus violents), proche des hymnes (en l'honneur des dieux ou de la patrie). L'inspiration était variée et, dès cette époque, les élégiaques chantaient l'amour et ses tourments. Cette forme, qui n'a sans doute jamais cessé d'être employée, connaîtra une nouvelle faveur à l'époque hellénistique, avec Callimaque notamment (*cf.* p. 92) : sa poésie, savante, est plus érudite que sentimentale. Rappelons que Properce se désignait, en toute simplicité, comme le Callimaque latin.

Dans la classification qu'il donne des poètes latins, Quintilien revendique la supériorité des Romains et accorde la palme à Tibulle : *Elegia quoque Graecos provocamus, cujus mihi tersus atque elegans maxime videtur auctor Tibullus. Sunt qui Propertium malint. Ovidius utroque lascivior, sicut durior Gallus* (*Institution oratoire,* X, 1, 93) : « Pour l'élégie aussi, nous défions les Grecs, et Tibulle me semble être l'auteur le plus châtié et le plus élégant. Certains préfèrent Properce. Ovide est plus léger que les deux autres, Gallus plus sévère » : panorama presque complet de l'élégie latine, auquel ne manque que Catulle ; Gallus, ami de Virgile (qui lui consacra la Xe Bucolique et incorpora dans ses vers les distiques du poète malheureux, dont les déboires amoureux nourrissaient l'inspiration), appartenait au cercle de Mécène : on a retrouvé récemment un papyrus en Égypte où l'on distingue quelques distiques qui lui sont attribués.

Les thèmes élégiaques

Les thèmes eux-mêmes sont peu variés : le poète chante l'amour avec ses joies et ses tourments, célèbre sa patrie, vénère les dieux. Attachée aux valeurs morales, l'élégie n'est pas vraiment moralisatrice, car le poète laisse plus souvent parler son cœur et son imagination que sa raison. On peut appliquer à l'inspiration élégiaque la définition que Chateaubriand donnait du lyrisme dans *René* : « L'automne me surprit au milieu de ces incertitudes… J'enviais jusqu'au sort du pâtre que je voyais réchauffer ses mains à l'humble feu de broussailles qu'il avait allumé au coin d'un bois. J'écoutais ses chants mélancoliques, qui me rappelaient que dans tout pays le chant naturel de l'homme est triste, lors même qu'il exprime le bonheur. Notre cœur est un instrument incomplet, une lyre où il manque des cordes, où nous sommes forcés de rendre les accents de la joie sur le ton consacré aux soupirs. » Aux sujets personnels s'ajoutent des poèmes de circonstance, célébrant un anniversaire, un triomphe, une fête religieuse.

La question de l'authenticité des sentiments se pose pour l'élégie comme pour toute forme d'inspiration personnelle : il demeure certain que les élégiaques ne sauraient nous toucher si les sentiments qu'ils exprimaient n'étaient le produit de leur expérience personnelle. Le poète choisit de traiter un thème comme le peintre choisit le sujet de son tableau. Oui, mais il ne l'aurait pas choisi ou du moins il n'aurait pas réussi s'il n'avait senti en lui la force du sentiment et l'inspiration personnelle.

Tibulle est-il un grand poète ? La comparaison avec Catulle, avec Properce risque de lui porter ombrage car il donne, par rapport à eux, l'impression de manquer de puissance. Mais il sait évoquer avec beaucoup de naturel et de simplicité les mouvements de son âme, les émotions qui le traversent. Le plan même de ses poèmes, capricieux et parfois déroutant, épouse la mobilité de son humeur. Il a su véritablement créer un style, sans doute est-ce la raison pour laquelle Quintilien, qui se méfie par ailleurs du libertinage (*lascivia*), de certains élégiaques, lui a accordé la première place dans son palmarès.

Le style de Tibulle

Le poète utilise un vocabulaire simple et uniforme ; parmi ses procédés favoris, citons la répétition d'un mot, souvent soulignée par l'anaphore qui, par l'effet d'écho qu'elle crée, donne à son vers profondeur et résonance. Prenons un exemple :

Interea Pax arva colat : Pax candida primum
duxit araturos sub juga curva boves ;
Pax aluit vites et sucos condidit uvae,
funderet ut nato testa paterna merum ; (I, 10, vers 45-48)

La phrase coule sans rencontrer d'obstacle, sans effort : les sons se répondent volontiers à la coupe et à la fin du vers, de discrets effets de chiasme soudent étroitement les mots entre eux, fondent les impressions ; la syntaxe s'efface à son tour au profit de la parataxe ou de l'asyndète. Le poète qui rêve d'harmonie universelle, de paix et de concorde, a su donner à son vers une impression de facilité, de fluidité qui crée l'illusion que tout est possible, que la guerre est loin, que l'amitié règne et que tous les espoirs vont se réaliser. On notera à cet égard la prédilection de Tibulle pour le futur et pour le mode subjonctif (souhait, regret) : notre poète est un idéaliste et un rêveur. Il y a en outre chez lui une certaine ingénuité, qu'elle soit réelle ou feinte importe peu : il a le rare mérite, quand il dit quelque chose, de croire à ce qu'il dit, au point de s'inquiéter de l'effet de ses paroles et de regretter les malédictions qu'il profère. On ne saurait trouver aucune méchanceté en lui : c'est la source du plaisir que nous prenons à lire Tibulle.

Si simple que soit le vocabulaire employé, Tibulle choisit ses mots avec grand soin. Il parvient à animer les scènes qu'il recrée par des procédés simples : les verbes de mouvement sont précis grâce au choix des préverbes, il arrive souvent que des termes abstraits soient sujets de verbes d'action ; à la valeur plastique des adjectifs et des adverbes s'ajoute généralement une connotation morale : l'union intime du monde réel et du rêve donne à la poésie de Tibulle tout son charme ; il est souvent difficile de préciser où l'un s'arrête et où commence l'autre. L'élégie contient toujours un message et se présente souvent comme une lettre : que le poète écrive à la personne aimée, à un correspondant, ou adresse une prière aux dieux, c'est finalement toujours avec le lecteur que s'établit la communication. La volonté de faire connaître et de partager ses émotions est un des caractères de l'élégie romaine, qui appartient indiscutablement au genre lyrique.

Le distique élégiaque

Il reste à étudier la forme du vers : c'est lui en effet qui définit le genre élégiaque mieux que les thèmes et le style. Il ne nous est pas facile d'apprécier sa musique en tenant compte à la fois de l'accent de mot (mélodique) et de l'accent métrique (accent d'intensité marqué par l'accent), notre prononciation est défectueuse sur plusieurs points ; on peut cependant noter dans les vers de notre poète les recherches d'harmonie, les allitérations (procédé d'insistance), les effets liés à la coupe, l'ordre des mots enfin toujours très étudié (ordre linéaire, disjonctions, chiasmes).

Ovide nous raconte plaisamment dans la Première Élégie des *Amours,* comment il a vu apparaître sur sa feuille ce nouveau schéma métrique :

Arma gravi numero violentaque bella parabam
edere, materia conveniente modis.
Par erat inferior versus ; risisse Cupido
dicitur atque unum surripuisse pedem.
« *Quis, saeve puer, dedit hoc in carmina juris ?*
Pieridum vates, non tua turba sumus. [...] »
Questus eram, pharetra cum protinus ille soluta
legit in exitium spicula facta meum

lunavitque genu sinuosum fortiter arcum.
« Quod » que « canas, vates, accipe », dixit, « opus ! »
Me miserum ! certas habuit puer ille sagittas !
Uror, et in vacuo pectore regnat Amor.
Sex mihi surgat opus numeris, in quinque residat !
Ferrea cum vestris bella valete modis !
Cingere litorea flaventia tempora myrto,
Musa, per undenos emodulanda pedes !

« J'allais chanter, sur un rythme majestueux, les armes, la fureur des combats ; au sujet convenait le mètre : le second vers du poème était égal au premier. On dit que Cupidon se mit à rire et qu'il retrancha furtivement un pied. "Cruel enfant, qui t'a donné ce droit sur la poésie ? Chantres inspirés des Piérides, nous ne sommes pas de ta bande [...]." J'avais à peine fini de me plaindre que, ouvrant soudain son carquois, le dieu prit des traits destinés à me percer, banda vigoureusement sur son genou son arc recourbé et dit : "Tiens, poète inspiré, voilà une matière pour tes chants." Malheureux que je suis ! elles étaient bien dirigées, les flèches de l'enfant. Je brûle, et dans mon cœur qui était libre règne l'Amour. Que mon œuvre commence par ces vers de six pieds et se pose sur des vers de cinq ! Muse des myrtes qui fleurissent sur les rivages, ceins tes tempes aux cheveux blonds, toi dont les chants exigent onze pieds » (Traduction H. Bornecque).

Ovide bien entendu plaisante ! Le premier poète latin qui ait utilisé de façon continue le distique élégiaque pour des pièces d'une certaine longueur est Catulle (de 65 à la fin du recueil), mais d'autres poètes l'avaient employé sporadiquement avant lui. Les règles de la prosodie étant supposées connues, nous nous bornerons à rappeler quelques principes élémentaires : toute syllabe fermée devant consonne est longue ; une voyelle en hiatus à l'intérieur du mot est toujours brève : *pĭ-ĕ-tā-tem* ; une voyelle finale s'élide devant une initiale vocalique, *-m* ne faisant pas position : *dĕ(o) īllō / pātr(em) āspĕrūm* ; il subsiste cependant quelques hiatus chez Tibulle, au temps fort.

Le latin classique conserve quatre diphtongues : *ae, oi, au, eu,* qui sont comptées pour longues (il ne faut pas les confondre avec les hiatus).

Le groupe occlusive + liquide est susceptible de deux découpages : suivant le cas la syllabe est comptée brève (*să-crum*) ou longue (*sāc-rum*) ; exceptionnellement ce traitement peut apparaître à l'intérieur de la chaîne parlée : *ămārĕ frūstrā > ă-mā-rēf-rūs-trā*, d'où l'allongement de la finale d'infinitif.

Le rythme repose sur l'alternance des syllabes longues (nature ou position) et des syllabes brèves (ouvertes, voyelles brèves) ; il est marqué par l'accent qui frappe la syllabe initiale du dactyle : –́ ⏑ ⏑.

L'hexamètre, comme son nom l'indique, se compose de six mesures, le 5e pied est pur (= dactyle) sauf de rares exceptions ; ailleurs il peut céder la place au spondé (– –́). L'hexamètre se termine par une séquence de deux syllabes dont la première est longue et la seconde indifférente.

Tous les vers respectent une pause, après un temps marqué (accentué) : le mot avant ou après la coupe et plus encore situé entre deux coupes est mis en valeur. Dans l'hexamètre, la coupe, penthémimère, peut être accompagnée (ou remplacée) par les coupes secondaires (tri-, hephth-) ou seulement par l'une d'entre elles ; la coupe trochaïque est une coupe penthémimère retardée d'une brève (trochée : –́ ⏑) : elle procure toujours un effet d'attente, parfois prolonge le temps d'un soupir une impression : le vers s'allège et donne l'impression de s'envoler. Tibulle utilise cette possibilité, mais moins souvent que Virgile dans les *Bucoliques.* Certains groupes étroitement soudés (en particulier le groupe préposition-nom) ne peuvent être coupés ; l'élision n'empêche pas la coupe ; une coupe est d'autant plus expressive qu'elle ne correspond pas à un signe de ponctuation forte.

Le pentamètre est constitué par deux tripodies incomplètes, comprenant chacune un temps vide précédant la coupe ; les dactyles (–́ ⏑ ⏑) peuvent être remplacés par des spondées (–́ –) dans la première moitié du vers seulement. La place de la coupe est fixe. La succession du vers long et du vers court est habilement exploitée par les poètes qui généralement reprennent dans le pentamètre l'idée lancée dans le vers précédent, sous une forme plus concise et plus ramassée. L'effet de rupture produit par le changement de rythme se prête à l'expression de l'absence, crée un effet de manque, de frustration, parfaitement adapté à l'utilisation des thèmes élégiaques.

Dans l'exercice suivant, les temps marqués, frappés par l'accent métrique, sont en gras ; nous avons indiqué les coupes principales **/** et secondaires **//** :

__Tu__ quoque __ne__ // timi__de__ / cus__to__des, __De__lia, __fa__ve
__au__dend(um) __est__ : for__tes__ / __ad__juvat __ip__sa Ve__nus__.
__Il__la fa__vet__ // seu __quis__ / juve__nis__ // nova __li__mina __temp__tat,
__seu__ rese__rat__ fixo / __den__te puel__la__ fo__res__ ;
__il__la do__cet__ // mol__li__ / fur__tim__ // de__re__pere __lec__to,
__il__la pe__dem__ nul__lo__ / __po__nere __pos__se so__no__...

VII — INDICATIONS BIBLIOGRAPHIQUES

Éditions :

TIBULLE, *Elegiarum liber primus,* texte présenté par Jacques André (coll. Érasme), PUF, 1965.

Ouvrages généraux :

Jean BAYET, *Littérature latine,* Armand Colin (1934), rééd. mises à jour.
Pierre GRIMAL, *L'Amour à Rome,* Hachette, 1963.
Pierre GRIMAL, *Le Lyrisme à Rome,* PUF, 1978.
Jacqueline DE ROMILLY, *Précis de littérature grecque,* PUF, 1980.
René MARTIN, Jacques GAILLARD, *Les Genres littéraires à Rome,* Nathan-Scodel, 1990, p. 357-385.
Hubert ZEHNACKER, Jean-Claude FREDOUILLE, *Littérature latine,* PUF, 1993 (rééd.).
Pierre GRIMAL, *La Littérature latine de P.G.*, Fayard, 1994.
Jean-Luc LAMBOLEY, *Lexique d'histoire et de civilisation romaines,* Ellipses, 1995.
Hubert ZEHNACKER, Jean-Claude FREDOUILLE, *Anthologie de la littérature latine,* PUF, 1998.

Études :

Rome et nous, sous la direction de Guy SERBAT, Picard, 1977 ; voyez en particulier :
— Jacques CHOMARAT, « Les élégiaques et Stace », p. 149-164 ;
— Jean BEAUJEU, « La religion romaine », p. 217-234.
Paul VEYNE, *L'Élégie érotique romaine,* Éditions du Seuil, 1983.

Prolongements :

Nous vous recommandons surtout la lecture :

— des poètes grecs :

Théocrite, *Bucoliques grecs,* t. 1 (Ph.-E. Legrand, CUF) ;
Callimaque, *Hymnes, Épigrammes* (E. Cahen, CUF) ;

— des élégiaques latins :

Catulle, *Élégies* (G. Lafaye, CUF) ;
Properce, *Élégies* (trad. seule, P. Boyancé, Les Belles Lettres) ;
Ovide, *Ars amatoria* (H. Bornecque, CUF) ; *Amores* (H. Bornecque, CUF) ; *Fastes* (2 vol., R. Schilling, CUF) ; *Tristes* (J. André, CUF) ; *Pontiques* (J. André, CUF) ;
sans oublier Virgile et Horace.

TEXTE ANNOTÉ ET QUESTIONS

PREMIÈRE ÉLÉGIE

RÊVE D'UNE VIE SIMPLE ET PAISIBLE

Placée en tête du recueil bien qu'elle ne soit pas la plus ancienne, cette élégie est la première qui nomme Délie, *mea Delia* (v. 57) : la rencontre avec la jeune femme a bouleversé la vie du poète ; pour préserver son amour, il a résolu de renoncer à la richesse, à l'ambition et à la gloire, surtout la gloire militaire. La pièce a été écrite avant que Messalla s'embarque pour l'Orient (il a été retenu à Rome comme consul jusqu'au début du mois de mai 31 ; *cf.* Dixième élégie p. 116 où il n'est pas encore question de Délie) et que le poète s'arrête malade à Corcyre (*cf.* p. 58) : on peut la dater approximativement du début de l'année 30 ; le poète avait alors environ vingt-sept ans.

I — Bonheur champêtre

I, 1, vers 1-40 ⇨ ⇨ ⇨ traduction p. 134-135

Dans un cadre idéal qui rappelle un peu celui des bucoliques ou des bergeries de notre XVIe siècle, le poète amoureux se place sous la protection des divinités rustiques, dévot de Cérès, respectueux des usages et des rites. En échange de sa piété, il demande aux dieux qu'il invoque de protéger son modeste domaine et de le laisser vivre, ignoré de tous, loin du fracas des guerres et des rumeurs de la ville. Ce rêve d'une vie simple et paisible est dominé par la peur que les dieux ou quelque caprice du sort lui ravissent son bonheur.

Divitias alius fulvo sibi congerat[1] auro
    et teneat culti jugera[2] multa soli,
quem labor adsiduus vicino terreat[3] hoste,
    Martia cui somnos classica pulsa[4] fugent :
me mea paupertas vita traducat[5] inerti,
    dum meus adsiduo luceat igne focus,
ipse seram teneras maturo tempore vites[6]
    rusticus et facili grandia poma manu[7],
nec Spes destituat[8], sed frugum semper acervos
    praebeat et pleno pinguia[9] musta lacu.
Nam veneror seu stipes[10] habet desertus in agris
    seu vetus in trivio florida serta lapis ;
et quodcumque mihi pomum novus educat[11] annus,
    libatum agricolae ponitur ante deo.
Flava Ceres, tibi sit nostro de rure corona
    spicea, quae templi pendeat ante fores ;
pomosisque ruber custos ponatur in hortis,
    terreat ut saeva falce Priapus[12] aves ;
vos quoque, felicis quondam, nunc pauperis agri
    custodes, fertis munera vestra, Lares[13] ;
tunc vitula innumeros lustrabat[14] caesa juvencos,
    nunc agna exigui est hostia parva soli :
agna cadet vobis, quam circum[15] rustica pubes
    clamet « io ! messes et bona vina date ».
Jam modo jam possim contentus vivere parvo
    nec semper longae deditus esse viae,
sed Canis[16] aestivos ortus vitare sub umbra
    arboris ad rivos praetereuntis aquae ;
nec tamen interdum pudeat tenuisse bidentem[17]
    aut stimulo tardos increpuisse boves ;

non agnamve sinu pigeat[18] fetumve capellae
desertum oblita matre referre domum.
At vos exiguo pecori, furesque lupique,
parcite : de magno praeda[19] petenda grege.
Hic ego pastoremque meum lustrare quot annis
et placidam soleo spargere[20] lacte Palem.
Adsitis, divi[21], nec vos e paupere mensa
dona nec e puris spernite fictilibus[22] :
fictilia antiquus primum sibi fecit agrestis
pocula, de facili composuitque[23] luto.

NOTES

1. *congero, -is, -ere, -gessi, -gestum* : « entasser, amasser », le subjonctif exprime le souhait ; *fulvus, -a, -um* : « brillant, étincelant », épithète poétique (or, astres), l'adjectif courant est *flavus* : « blond, doré », *fulvo... auro* est à analyser comme un ablatif de moyen.

2. *jugerum, -i,* n. (surtout employé au pluriel *jugera)* : « jugère », mesure de superficie correspondant au labour quotidien d'un bœuf (*cf. jungo ; jugum*), soit environ 25 ares.

3. *terreo, -es, -ere, terrui, territum* : « effrayer », notez l'emploi du subjonctif dans la relative (*cf. fugent* de *fugare)* ; le singulier *labor* a valeur de collectif et désigne les fatigues et les corvées de la vie militaire ; *vicino hoste* : ablatif absolu.

4. *pello, -is, -ere, pepuli, pulsum* : « frapper », se dit de la cymbale, du tambourin ou des instruments à cordes comme la lyre (plectre) ; appliqué à un instrument à vent (*classica = tubae* : « trompettes »), le participe suggère peut-être la violence du réveil ; *classica* et *somnos* sont au pluriel pour traduire la répétition de l'action (*cf. adsiduus* au vers précédent).

5. *traduco, -is, -ere, -duxi, -ductum :* « faire passer », le sujet *paupertas* indique une situation modeste, non la pauvreté (*egestas*), le complément à l'ablatif *vita ... inerti* répond à la question *qua ?,* la vie est comparée à un passage.

6. *vitis, -is,* f. : « vigne » ; *sero, -is, -ere, sevi, satum* : « planter » ; l'adjectif *tener, -era, -erum* : « jeune », s'oppose à *grandis, -e :* « déjà grand » au vers suivant ; la compétence du propriétaire (*rusticus)* est encore marquée par *maturo tempore.*

7. *facili... manu :* « d'une main experte », l'adjectif *facilis* (*cf. facio ; facies,* etc.) est ici employé avec valeur active (qui sait comment faire) : les arbres fruitiers (*poma, -orum,* n. pl.) étaient élevés en pépinières et le travail de transplantation exigeait beaucoup de soins.

8. *destituo, -is, -ere, -stitui, -stitutum :* « abandonner » ; considérée comme une déesse, l'Espérance avait plusieurs temples à Rome : l'un sur le Quirinal, un autre près du *forum holitorium* (marché aux légumes) ; l'expression usuelle est *destitui spe* : « être frustré d'un espoir », ou à la voix active *destituere aliquem spe* : « tromper l'espoir de ».

9. *pinguis, -e :* « épais », qualifie le raisin pressé avant que l'on filtre le vin doux, *mustum ; lacus, -us,* m., désigne la « cuve » de maçonnerie où l'on foulait le raisin ; le vin était ensuite versé dans les jarres, *dolia.*

10. *stipes, -itis,* m. : « souche » : elle figurait le dieu terme et servait de borne, au même titre que la pierre levée (*lapis, -idis,* m.) ; le culte consistait en une libation de vin ou d'huile, et en une offrande de quelques fleurs tressées ; le complément du verbe *veneror :* « adorer, prier », transitif, se tire des subordonnées *sue... seu* ; *habet* a pour complément *florida serta* : « guirlandes de fleurs » (*cf. sero, -is, -ere, serui, sertum ; series, sermo,* etc.).

11. *educo, -are :* « produire » : les Anciens avaient l'habitude d'offrir aux dieux les prémices de tous les produits du sol, comme l'indique *novus annus :* « début de la récolte » ; *libare* : « offrir », *ante* est employé avec valeur d'adverbe ; *deus agricola* désigne d'une façon vague les divinités qui recevaient ce type d'offrandes : Cérès (les *Cerealia* tombaient le 19 avril), Bacchus, Minerve, les Lares.

12. Priape, protecteur des jardins et des vignobles, était originaire de Lampsaque en Hellespont et passait pour le fils de Dionysos et d'Aphrodite ; sa statue était grossièrement taillée dans un tronc de figuier et peinte en rouge pour effrayer les voleurs et épouvanter les oiseaux ; son attribut était la serpe, *falx, falcis,* f.

13. Les Lares sont à l'origine des divinités agricoles chargées de protéger les récoltes (*custodes agri*) et de surveiller que personne n'empiète sur le domaine de son voisin : on célébrait en leur honneur les *Compitalia* au mois de janvier. Divinités tutélaires, ils veillent sur les carrefours (*compitales*), les routes (*viales*), les champs et les jardins (*agrestes*), les maisons (*familiares*). Ils portent la corne d'abondance ; on les honorait sur le foyer domestique aux calendes, aux nones et aux ides de chaque mois et lors des événements familiaux.

14. *lustrare* : « purifier » ; ce rite était destiné à laver toute souillure et à écarter les mauvaises influences : c'était l'objet du *lustrum* qui marquait la fin de l'exercice des censeurs. La cérémonie comportait une procession des victimes du sacrifice de façon à délimiter le territoire à purifier ; la purification des armes (*armilustrium)* avait lieu le 19 octobre, au retour de l'armée. On procédait à la purification des champs à la fête des *ambarvalia* (*ambi- :* « autour » ; *arva :* « champs ») en l'honneur de Cérès, au mois de mai ; on sacrifiait un porc, un mouton et un bœuf (*suovetaurile)*, c'était l'occasion de grandes fêtes populaires ; *caedo, -is, -ere, cecidi, caesum :* « frapper, sacrifier ».

15. *quam circum* : les prépositions dissyllabiques (*cf. praeter, propter, coram*, etc.) se placent après leur régime, surtout s'il s'agit comme ici d'un pronom relatif (on trouve aussi *quocum, mecum, nobiscum,* etc.) ; le subjonctif dans la relative traduit un ordre : « que la jeunesse s'écrie » ; l'adjectif *bona*, accordé à *vina,* porte également sur *messes.*

16. *Canis ortus* : « l'apparition du Chien », le début de la Canicule (vers le 26 juillet) ; l'expression est au pluriel pour traduire la répétition du phénomène chaque été (*aestivos*). Ces premières grosses chaleurs étaient particulièrement éprouvantes.

17. *bidens, -entis,* m. : « hoyau », sorte de bêche « à deux dents » ; les infinitifs parfaits *tenuisse* et *increpuisse* (*increpare :* « crier après ») ont valeur d'aspect ; *stimulus, -i,* m. : « aiguillon », bâton terminé par une pointe.

18. *non (me) pigeat* : « il ne m'en coûterait pas », l'infinitif présent *referre* (*domum)* : « rapporter à la maison », indique la durée de l'action (valeur d'aspect) ; l'enclitique *-ve,* répété, s'emploie dans les mêmes conditions que *-que* ; *oblita matre* est un ablatif absolu.

19. *praedam petere* : « chercher sa proie ».

20. *spargo, -is, -ere, sparsi, sparsum* : « répandre, éclabousser » ; Palès est une des plus vieilles divinités latines ; les fêtes qui lui étaient consacrées, les *Palilia,* tombaient le jour anniversaire de la fondation de Rome (21 avril) ; la déesse refusait les sacrifices sanglants et n'acceptait que le lait et les fleurs.

21. *divi,* autre forme de *dei,* archaïque et poétique.

22. *fictilis, -e :* « d'argile » (*cf. fingo, figulus*) ; d'où *fictilia, -ium :* « vaisselle de terre », ordinaire et rustique ; *purus :* « nu, sans ornements, sans décor ».

23. *compono, -is, -ere, -posui, -positum :* « créer, inventer », le verbe exprime une création originale, une recherche artistique, à la différence de *facere :* « fabriquer » pour un usage précis ; *lutum, -i,* n. : « boue, argile », l'adj. *facilis* est à prendre au sens propre : « qui se laisse facilement travailler, souple » (*cf.* ci-dessus note 7).

Questions

1. Justifiez l'emploi des temps et des modes dans les quatre premiers vers.

2. Exposez la syntaxe de *dum*.

3. Étudiez les systèmes d'opposition dans l'ensemble de l'extrait.

4. Comment le poète se désigne-t-il ? Appréciez l'importance et le choix des termes. Quels rôles se déclare-t-il prêt à assumer ?

5. Relevez les adjectifs qualificatifs : appréciez leur valeur et justifiez leur place par rapport au nom qu'ils accompagnent.

6. Par quels procédés le poète parvient-il à donner une portée générale à son choix de vie ?

7. Précisez la forme et le contenu des prières aux dieux : quel est le souhait qui semble prédominant ?

8. Que nous apprend ce début de la première élégie sur les goûts de Tibulle et sur ses conditions d'existence ?

9. Étudiez la progression des sentiments. Quelle est selon vous la part de la fiction, de la vérité ?

10. Scandez les vers 11-20, indiquez les coupes ; choisissez dans l'ensemble de l'extrait les vers qui vous paraissent les plus mélodieux et justifiez votre choix (vocabulaire, sonorités, effets métriques ; anaphores).

Compléments

1. Ovide, *Fastes,* II, vers 639-656

Les Terminalia

Cette fête, célébrée le 23 février, clôturait l'année ancienne.

Nox ubi transierit, solito celebretur honore
  separat indicio qui deus arva suo.
Termine, sive lapis sive es defossus in agro
  stipes, ab antiquis tu quoque numen habes.
Te duo diversa domini de parte coronant
  binaque serta tibi binaque liba ferunt.
Ara fit : huc ignem curto fert rustica testo
  sumptum de tepidis ipsa colona focis.
Ligna senex minuit concisaque construit arte
  et solida ramos figere pugnat humo ;
tum sicco primas inritat cortice flammas ;
  stat puer et manibus lata canistra tenet.
Inde ubi ter fruges medios immisit in ignes,
  porrigit incisos filia parva favos.
Vina tenent alii : libantur singula flammis.
  Spectant et linguis candida turba favet.
Spargitur et caeso communis Terminus agno
  nec queritur, lactens cum sibi porca datur.

Quand la nuit sera passée, on rendra les honneurs traditionnels au dieu qui par sa marque délimite les champs. Terminus, que tu sois une pierre ou une souche enfoncée dans la terre, tu exerces ta puissance divine depuis l'antiquité. Tu es couronné par deux propriétaires venus de deux côtés différents ; ils t'offrent deux guirlandes et deux galettes. On dresse un autel : la rustique fermière y apporte elle-même sur un tesson le feu qu'elle a pris à la braise de son foyer. Un vieillard débite le bois, assemble le bûcher avec adresse, en s'efforçant de l'affermir avec des branches solidement fichées en terre ; ensuite, il attise les premières flammes avec de l'écorce sèche ; près de lui, un enfant tient en mains une grande corbeille. Puis, quand à trois reprises il y a puisé des grains pour les jeter sur le feu, une petite fille lui présente des tranches de gâteau de miel. D'autres portent le vin ; un peu de cette offrande est livré aux flammes. L'assistance, vêtue de blanc, regarde et observe un silence religieux. La borne commune de Terminus est aspergée par le sang d'un agneau ; le dieu ne se plaint pas si on lui offre un cochon de lait…

(Traduction R. Schilling, CUF, Les Belles Lettres)

2. Ovide, *Fastes*, IV, vers 747-776

Prière à Palès

Elle comptait parmi celles que l'on prononçait à l'occasion des Palilia, *le 21 avril.*

« Consule », dic, « pecori pariter pecorisque magistris.
  Effugiat stabulis noxa repulsa meis.
Sive sacro pavi sedive sub arbore sacra
  pabulaque e bustis inscia carpsit ovis,
si nemus intravi vetitum nostrisve fugatae
  sunt oculis nymphae semicaperve deus,
si mea falx ramo lucum spoliavit opaco,
  unde data est aegrae fiscina frondis ovi,
da veniam culpae ; nec, cum degrandinat, obsit
  agresti fano supposuisse pecus.
Nec noceat turbasse lacus : ignoscite, nymphae,
  mota quod obscuras ungula fecit aquas.
Tu, dea, pro nobis fontes fontanaque placa
  numina, tu sparsos per nemus omne deos.
Nec dryadas, nec nos videamus labra Dianae,
  nec Faunum, medio cum premit arva die.
Pelle procul morbos ; valeant hominesque gregesque
  et valeant vigiles, provida turba, canes.
Neve minus multos redigam quam mane fuerunt,
  neve gemam referens vellera rapta lupo.
Absit iniqua fames ; herbae frondesque supersint,
  quaeque lavent artus, quaeque bibantur, aquae.
Ubera plena premam, referat mihi caseus aera
  dentque viam liquido vimina rara sero ;
sitque salax aries conceptaque semina conjux
  reddat et in stabulo multa sit agna meo ;
lanaque proveniat nullas laesura puellas,
  mollis et ad teneras quamlibet apta manus.
Quae precor eveniant et nos faciamus ad annum
  pastorum dominae grandia liba Pali ».

Dis : « Veille sur le troupeau et sur les maîtres du troupeau. Repousse tout dommage loin de mes étables. Si j'ai fait paître dans un lieu sacré, si je me suis assis sous un arbre sacré, si une de mes brebis a brouté à son insu sur une tombe, si je suis entré dans un bois interdit, si mon regard a fait fuir les nymphes et le dieu qui est à moitié bouc, si avec ma faucille j'ai coupé dans l'ombre d'un bois sacré un rameau afin d'en faire une corbeille de feuillage pour une brebis malade, pardonne-moi ma faute ; ne me tiens pas rigueur si, pendant la grêle, j'ai abrité mon troupeau dans une chapelle rustique. Ne m'en veuille pas d'avoir troublé l'eau des étangs ; pardonnez-moi, nymphes, si le sabot d'une bête a sali vos eaux. Toi, déesse, apaise pour nous les sources et les divinités des sources, apaise les dieux dispersés à travers tout le bocage. Puissé-je ne pas porter mes regards sur les dryades, ni sur le bain de Diane, ni sur Faunus, quand il repose dans la campagne au milieu du jour. Chasse au loin les maladies ; puissent les hommes et les troupeaux être en bonne santé ; puissent les chiens, gardiens vigilants et prévoyants, être en bonne santé. Fais que je ne ramène pas moins de moutons qu'il n'y en avait au matin et que je ne déplore pas de ne rapporter que des toisons arrachées au loup. Fais que la détestable faim nous soit épargnée ; que soient en abondance herbe et feuillage, ainsi que l'eau pour la baignade et pour l'abreuvoir. Fais que je presse des mamelles pleines ; que le fromage me rapporte de l'argent ; que le petit-lait puisse s'égoutter à travers la claie d'osier. Que le bélier soit salace, que la brebis fécondée fasse des petits et que les agneaux soient nombreux dans ma bergerie ; qu'il en provienne une laine incapable de blesser les jeunes filles, adaptée aux mains les mains les plus délicates. Puisse ma prière être exaucée et puissions-nous offrir chaque année d'énormes galettes à la souveraine des bergers, Palès. »

(Traduction R. Schilling, CUF, Les Belles Lettres)

II — Vivre et mourir auprès de Délie

I, 1, vers 41-78 ⇨ ⇨ ⇨ traduction p. 135-136

L'amour de Délie est présenté comme un esclavage que le poète accepte avec joie : il exprime avec ferveur le bonheur, dont il ne se lasse pas, de voir Délie et de reposer à ses côtés. Dans l'espoir que cet amour partagé sera éternel, Tibulle envisage la mort avec sérénité, s'attendrissant à la pensée des larmes qu'il fera couler. L'élégie se termine par un vibrant appel à l'amour dans la tradition épicurienne.

Non ego divitias patrum fructusque requiro,
    quos tulit antiquo condita[1] messis avo :
parva seges[2] satis est, noto requiescere lecto
    si licet et solito membra levare toro.

Quam juvat[3] immites ventos audire cubantem
    et dominam tenero continuisse sinu
aut, gelidas hibernus aquas cum fuderit Auster[4],
    securum somnos igne juvante sequi !
Hoc mihi contingat : sit dives jure, furorem
    qui maris et tristes ferre potest pluvias.
O quantum est auri[5] pereat potiusque smaragdi,
quam fleat[6] ob nostras ulla puella vias.
Te bellare decet terra, Messalla, marique,
    ut domus hostiles praeferat[7] exuvias :
me retinent vinctum formosae vincla puellae,
    et sedeo duras janitor ante fores.
Non ego laudari curo[8], mea Delia : tecum
    dum modo sim, quaeso[9] segnis inersque vocer ;
te spectem, suprema mihi cum venerit hora,
    te teneam moriens deficiente manu.
Flebis et arsuro[10] positum me, Delia, lecto,
    tristibus et lacrimis oscula mixta dabis ;
flebis : non tua sunt duro praecordia[11] ferro
    vincta, nec in tenero stat tibi corde silex.
Illo non juvenis poterit de funere quisquam
    lumina[12], non virgo, sicca referre domum ;
tu manes[13] ne laede meos, sed parce solutis
    crinibus et teneris, Delia, parce genis.
Interea, dum fata sinunt, jungamus amores :
    jam veniet tenebris Mors adoperta[14] caput ;
jam subrepet[15] iners aetas, nec amare decebit,
    dicere nec cano[16] blanditias capite.
Nunc levis est tractanda Venus, dum frangere postes[17]
    non pudet et rixas inseruisse[18] juvat ;
hic ego dux milesque bonus : vos, signa tubaeque,
    ite procul, cupidis vulnera ferte viris,
ferte et opes ; ego composito securus acervo
    dites[19] despiciam despiciamque famem.

N O T E S

1. *condo, -is, -ere, condidi, conditum* : « ranger, engranger » ; *avo* est au datif ; *messis, -is,* f. : « moisson, récolte ».
2. *seges, -etis,* f. : « champ cultivé, ensemencé ».
3. *juvat,* impers. : « il est agréable » ; le verbe est construit avec des propositions infinitives dont le sujet, indéterminé, n'est pas exprimé mais les termes qui s'y rapportent (*cubantem, securum*) sont régulièrement à l'accusatif.
4. *Auster,* vent du sud, qui apporte les pluies d'hiver.
5. *auri,* au génitif, complément de *quantum* (= *tantum auri quantum est)* : « tout l'or du monde » ; *smaragdus, -i,* m. : « émeraude » : on les faisait venir de Chypre, d'Égypte, d'Éthiopie, de Perse.
6. *fleo, fles, flere, flevi, fletum :* « pleurer » ; le subjonctif exprime l'éventualité ; *potiusque* : la particule relie en fait les deux compléments au génitif = *auri et smaragdi.*
7. *praefero, -fers, -ferre, -tuli, -latum :* « exposer » : on conservait l'ancienne coutume d'exposer à l'entrée de la maison du vainqueur une partie du trophée pris à l'ennemi ; les colonnes devant le Capitole en étaient également garnies et il appartenait aux censeurs de dégager la place ; *exuviae, -arum,* f. pl. : « dépouilles ». Dans les bulletins de victoire, on ne manquait pas de relever le nombre d'enseignes ou d'armes prises à l'ennemi.
8. *curo* + infin. : « se soucier de », la constr. est analogique des verbes d'effort (*conor, nitor)* ; *laudari* suggère ici la gloire militaire : Tibulle se définit comme un anti-héros.
9. *quaeso, -is, -ere, -ii, -itum :* « chercher à, prier de », constr. ici avec le subjonctif seul (*vocer)* ; le sens du verbe, désidératif de *quaero*, est souvent affaibli, notamment quand il est employé en incise, *quaeso :* « je t'en prie, s'il te plaît ».
10. *ardeo, -es, -ere, arsi, arsum :* « brûler » ; l'emploi du participe futur comme épithète est évité par la prose classique ; le verbe *fleo* est ici transitif.
11. *praecordia, -orum*, n. pl. : « diaphragme » considéré comme le siège des sentiments, chez les poètes : « cœur » ; *vincio, -is, -ire, vinxi, vinctum :* « attacher » (*cf. vinculum*, ci-dessus vers 55), ici « serrer, enfermer », *duro... ferro* peut faire songer à la cuirasse qui tient les sentiments prisonniers, refoulés ; *tibi :* le compl. au datif est l'équivalent expressif du possessif (*tuo corde*).
12. *lumina, -um,* n. pl. : « yeux », emploi poétique ; notez la place de *illo... de funere.*
13. Les Mânes sont les âmes des morts, on leur donne ce nom (qui signifie « bonnes », le contraire est *immanis*) pour se les concilier ; on leur rendait un culte à certaines dates de l'an-

née : les *Rosaria* où on fleurissait les tombes, les *Parentalia* (du 18 au 21 février) qui se terminaient par les *Feralia*, fête des morts ; *ne laede* : « ne blesse pas, n'abîme pas », emploi poétique de l'impératif dans la défense, marquant la vivacité ; *parco, -is, -ere, parsi, parsum* + dat. : « épargner, ne pas faire de mal à » ; *genae, -arum*, f. pl. : « joues ».

14. *adoperio, -is, -ire, -operui, -opertum* : « couvrir », *tenebris* (ablatif) est complément de moyen, *caput* (accusatif) exprime le champ d'application de l'action : « la tête enveloppée de ténèbres ».

15. *subrepo, -is, -ere, -repui, -reptum* : « arriver à petits pas », sans se faire voir, sans bruit (sens du préverbe).

16. *cano capite*, abl. absolu : « quand on a la tête blanche » ; notez le désordre du vers = *nec [dicebit] dicere blanditias.*

17. *postis, -is*, m. : « jambage de porte », au pluriel : « porte » (à double battant).

18. *insero, -is, -ere, -serui, -sertum :* « introduire, provoquer », sur l'emploi du temps de l'infinitif (*cf.* note 17, page 31).

19. *dites,* forme contractée = *divites, cf. ditior,* comparatif, et *ditissimus*, superlatif de *dives.*

Questions

1. Comment comprenez-vous *tenero... sinu*, vers 46 ?

2. Étudiez le jeu des négations.

3. Relevez les formes verbales au futur et justifiez la fréquence des emplois.

4. Étudiez le vocabulaire exprimant la richesse et le contentement.

5. En quoi la structure des phrases répond-elle aux changements d'humeur du poète ? Certains éditeurs écrivent une virgule au lieu d'un point-virgule à la fin du vers 59 : quelle ponctuation préférez-vous ? Quelle est la fonction de *spectem* et de *teneam* ?

6. Commentez le choix et la place des adjectifs, vers 45-50. Expliquez la figure étymologique *vinctum... vincla*, vers 55.

7. Sur quel ton le poète évoque-t-il les brillants faits d'armes de Messalla ? Précisez le sens des deux adjectifs *segnis* et *iners*, vers 58.

8. Trouvez-vous que les différents thèmes s'enchaînent naturellement ? Justifiez l'évocation des funérailles du poète.

9. Relevez les répétitions du passage et expliquez les effets produits. Appréciez les effets sonores (allitérations, effets de rime à la coupe ou en fin de vers).

10. Étudiez précisément la structure métrique des distiques et le rapport entre pentamètres et hexamètres. Scandez les vers 65-72.

Complément

Ovide, *Fastes,* II, vers 535-546

Les Feralia

Parva petunt Manes : pietas pro divite grata est
  munere ; non avidos Styx habet ima deos.
Tegula porrectis satis est velata coronis
  et sparsae fruges parcaque mica salis
inque mero mollita Ceres violaeque solutae :
  haec habeat media testa relicta via.
Nec majora veto, sed et his placabilis umbra est :
  adde preces positis et sua verba focis.
Hunc mores Aeneas, pietatis idoneus auctor,
  attulit in terras, juste Latine, tuas.

Les Mânes demandent peu de choses : la piété leur est plus agréable qu'une riche offrande ; il n'y a pas de dieux avides dans les profondeurs du Styx. Ils se contentent du don des couronnes qui recouvrent une tuile, de quelques grains, d'une pincée de sel, de pain trempé dans le vin et de violettes éparses : dépose ces offrandes dans un vase en terre cuite que tu laisseras au milieu du chemin. Je ne m'oppose pas à une plus grande générosité, mais ces offrandes suffisent à apaiser les ombres : le foyer une fois érigé, ajoute les prières et les paroles appropriées. Cette tradition, c'est Énée, maître qualifié en piété, qui l'a introduite dans tes terres, ô vertueux Latinus.

(Traduction R. Schilling, CUF, Les Belles Lettres)

Prolongement

Voltaire

L'adieu à Délie

Âgé de 80 ans, Voltaire envoyait ces vers à Madame du Deffant.

Je veux dans mes derniers adieux,
Disait Tibulle à son amante,
Attacher mes yeux sur tes yeux,
Te presser de ma main mourante.
Mais quand on sent qu'on va passer,
Quand l'âme fuit avec la vie,
A-t-on des yeux pour voir Délie
Et des mains pour la caresser ?
Dans ces moments chacun oublie
Tout ce qu'il a fait en santé :
Quel mortel s'est jamais flatté
D'un rendez-vous à l'agonie ?
Délie elle-même à son tour
S'en va dans la nuit éternelle,
En oubliant qu'elle fut belle,
Et qu'elle a vécu pour l'amour.

Deuxième élégie
Déconvenue

Délie a-t-elle pris un autre amant ? Le poète, qui a trouvé la porte fermée, cherche l'oubli dans le vin mais n'envisage pas un instant de pouvoir vivre sans Délie. Le regret, parfois même la révolte dominent ces vers ; les avertissements qu'il adresse à Délie ont parfois le ton de la menace. L'allusion aux campagnes de Messalla permet de situer le poème entre le départ manqué pour l'Orient en 30 (Troisième élégie) et le retour de Messalla à Rome (il assistait au triomphe d'Octave au mois d'août 29).

I — La porte fermée

I, 2, vers 1-34 ⇨ ⇨ ⇨ traduction p. 136-137

La porte de la belle, bien évidemment, occupe une place importante dans la poésie élégiaque. La situation pourrait être comique et Plaute ne manque pas de traiter le thème sur le ton de la farce : c'est de vin alors qu'il faut abreuver les montants de la porte pour faire venir la vieille servante, complice dévouée des amoureux. Rien de tel ici et la porte demeure insensible aux malédictions comme aux prières. Seule Vénus peut la fléchir, encore faut-il que Délie prenne les risques nécessaires. Le « Mal aimé » pour sa part est prêt à affronter tous les dangers pour obtenir son retour en grâce.

Adde merum[1] vinoque novos compesce dolores,
　　occupet ut fessi[2] lumina victa sopor,
neu quisquam multo percussum[3] tempora baccho
　　excitet, infelix dum requiescit amor.
Nam posita est nostrae custodia[4] saeva puellae,
　　clauditur et dura janua firma sera[5].
Janua difficilis[6] domini, te verberet imber,

te Jovis imperio fulmina missa petant.
Janua, jam pateas[7] uni mihi victa querellis,
neu furtim verso cardine[8] aperta sones,
et mala si qua tibi dixit dementia nostra
ignoscas ; capiti sint precor illa meo :
te meminisse decet quae plurima voce peregi[9]
supplice, cum posti florida serta[10] darem.
Tu quoque ne timide custodes, Delia, falle ;
audendum est : fortes adjuvat ipsa Venus ;
illa favet seu quis juvenis nova limina temptat
seu reserat[11] fixo dente puella fores ;
illa docet molli furtim derepere[12] lecto,
illa pedem nullo ponere posse sono,
illa viro coram[13] nutus conferre loquaces
blandaque compositis[14] abdere verba notis ;
nec docet hoc omnes, sed quos nec inertia tardat
nec vetat obscura surgere nocte timor.
En ego cum tenebris tota vagor anxius urbe[15],
....
nec sinit occurrat quisquam qui corpora ferro
vulneret aut rapta praemia[16] veste petat.
Quisquis amore tenetur, eat tutusque sacerque
qualibet : insidias non timuisse decet.
Non mihi pigra[17] nocent hibernae frigora noctis,
non mihi cum multa decidit imber aqua ;
non labor hic laedit, reseret modo[18] Delia postes
et vocet ad digiti me taciturna sonum.

NOTES

1. *adde merum* : « verse-moi du vin pur », ce vin, *merum* (*vinum*), épais et très fort, était pratiquement imbuvable ; *compesco, -is, -ere* : « arrêter, retenir », *dolor* désigne souvent le dépit, le pluriel traduit la violence du sentiment.

2. *fessi (domini)* : « ton (maître) à bout de forces » : le poète s'adresse à son esclave ; *sopor, -oris,* m. : « sommeil », est plus fort que *somnus* auquel il est apparenté.

3. *percussum tempora :* « assommé, dont les tempes bourdonnent » ; *tempora, -um,* n. pl. : « tempes », ici compl. à l'accusatif d'un participe passif (marque le champ d'application du procès) ; *percutio, -is, -ere, -cussi, -cussum* : « heurter, frapper violemment » (notez la valeur du préverbe) ; la métonymie *bacchus = vinum* était passée dans l'usage comme le montre l'emploi de l'adjectif *multo* (*vino*) qui ne convient guère au dieu.

4. *custodia, -ae,* f. : « surveillance », on dit de même *custodem alicui ponere :* « imposer un gardien à quelqu'un » ; remarquez l'emploi du passif (*cf. clauditur* au vers suivant). Cette surveillance, *custodia saeva,* s'identifie avec la porte, *janua firma* : notez le léger hyppallage, *firma* convenant mieux à la barre et *dura* à la porte.

5. *sera, -ae,* f. : « barre » qui maintenait solidement les deux battants de la porte.

6. *difficilis :* « pénible, intraitable », l'adjectif peut qualifier ou la porte ou le maître de maison (Délie serait-elle mariée ?).

7. *pateas,* subj. de volonté : « (je veux) que tu sois ouverte » ; au vers 12, *ignoscas* est le simple équivalent d'un impératif = *ignosce :* « pardonnne-moi ».

8. *cardo, -inis,* m. : « pivot » ; l'expression est généralement au pluriel, les portes comportaient deux pivots qui s'enclenchaient l'un dans le trumeau de la porte, l'autre dans le seuil, *limen* ; mais c'est le pivot inférieur, sur qui repose tout le poids de la lourde porte, qui risque de grincer. Pour éviter cet inconvénient, on recommandait d'y verser de l'eau (ou du vin !).

9. *perago, -is, -ere, -egi, -actum* : « accomplir entièrement », *voce peragere* : « exprimer » ; les adjectifs en *-ix* ont généralement une forme d'ablatif en *-i.*

10. *florida serta* : « des guirlandes de fleurs » : c'était une façon de remercier la porte si elle s'était montrée complaisante, mais aussi de signaler qu'on était passé et qu'on l'avait trouvée fermée.

11. *reserare :* « enlever la barre » (de la porte) ; *dens, dentis,* m. : désigne ici une sorte de pointe en métal qui bloquait la barre ; pour plus de sécurité, elle était en outre fermée à clé (*clavis, -is,* f.) et la clé était confiée au portier, *janitor :* comme on voit, même si elle le voulait, Délie ne pourrait pas ouvrir la porte de l'intérieur ; *figo, -is, -ere, fixi, fixum* : « enfoncer ».

12. *derepo, -is, -ere, -repsi, -reptum* : « descendre furtivement », notez la valeur du préverbe ; on attendrait plutôt un infinitif passif complément de *docet : pedem poni posse.*

13. *viro coram* : « en présence de son mari », préposition

(+ ablat.), plus employée comme adverbe à l'époque classique ; la postposition est de règle si la « préposition » est dissyllabique, surtout si le régime est un pronom.

14. *compono, -is, -ere, -posui, -positum :* « arranger, convenir d'avance », il s'agit du code utilisé par les deux amants pour bafouer le mari, sans doute pendant le dîner ; *blandus, -a, -um* : « caressant », *blanda verba :* « mots d'amour, tendresses ».

15. Une lacune d'un vers laisse la phrase en suspens (*cum* est conjonction) ; on peut suppléer : « Vénus me prend sous sa protection », ou, ce qui revient au même : « je n'ai rien à redouter... » ; *tota urbe :* « dans toute la ville », l'emploi de l'ablatif sans préposition est de règle lorsqu'un nom de lieu est accompagné de l'adjectif *totus* (question *qua* ?).

16. *praemium, -ii,* n. : « récompense », sorte de rançon exigée pour rendre les vêtements volés (*rapta veste*) : cette forme de racket était, au témoignage des Anciens, pratique courante et on donnait le nom de *praemiatores* à ceux qui exerçaient ce fructueux trafic (Pétrone, *Satyricon*, 14 ; Juvénal, *Satires*, III, 302) ; le bain fournissait les meilleures occasions et un esclave était chargé de rester assis sur les vêtements de son maître pour éviter qu'on les vole. Les vêtements qui n'étaient pas réclamés par le propriétaire étaient revendus à bas prix ; le pluriel *corpora,* v. 27, est générique, on peut traduire : « les gens ».

17. *piger, -gra, -grum* : « qui engourdit », valeur active de l'adjectif.

18. *reseret modo = dum modo reseret :* « pourvu que Délie tire la barre », le subjonctif à lui seul marque la volonté, *dum* à l'origine était simple adverbe de temps (*cf. tum ; cum ; agedum,* etc.).

Questions

1. Un manuscrit propose de lire *percussum* au lieu de *perfusum*, vers 3, et certains éditeurs préfèrent cette lecture. Qu'en pensez-vous ?

2. Appréciez le choix du verbe *occupare*, vers 2, et commentez la métaphore. Trouvez dans l'extrait d'autres termes appartenant à la langue militaire.

3. Analysez *difficilis*, vers 7 : faut-il à votre avis y voir un génitif ou un vocatif ?

4. Relevez et classez (selon la nature des propositions) les verbes au subjonctif et justifiez les emplois.

5. Analysez la construction des vers 17-18 ; 23-24.

6. Étudiez l'expression de l'ordre et de la défense en partant des exemples du texte.

7. Justifiez l'anaphore de *illa*, vers 17-21 ; de *non*, vers 30-32.

8. Relevez et commentez les marques de la première personne et leur distribution dans le passage.

9. Que pensez-vous du rôle prêté ici à Vénus ? des conseils prodigués par le poète ?

10. Cherchez quelques enjambements significatifs et interprétez-les. Où la coupe du vers 29 se trouve-t-elle ? Scandez les vers 7-14.

Prolongement

Ronsard, *Élégie à Amadis Jamyn*

Dépit amoureux

Couvre mon chef de pavot, je te prie,
Afin, Jamyn, que mes soucis j'oublie ;
De lui tout seul, pour perdre mon méchef,
Je ne veux point me couronner le chef,
mais de son jus à longs traits je veux boire
Pour de mes maux endormir la mémoire
De fond en comble et pour ne retenir
Jamais au cœur un si dur souvenir,
Voulant du tout en forçant ma nature
Du caractère effacer la figure
Que je portais engravée dans le cœur,
Que par deux ans a nourri ma langueur.
Le temps perdu soit perdu, et je pense
Avoir assez entière récompense,
Si de ses rets je me puis délier,
Et tout à fait son amour oublier.
Charge mon vin de pavots et ma tête,

Et ne viens pas d'une reprise honnête
Me condamner, que je suis inconstant,
Ou si tu veux, reprends, j'en suis content,
Pourvu qu'ainsi je la puisse en ma vie
Autant haïr comme je l'ai servie.
Le mal traité s'éjouit à son tour
Quand le dédain triomphe de l'amour,
Et bien souvent, pour ne pouvoir complaire,
Le trop d'amour se transforme en colère,
En rage, en feu, qui de vengeance sert
Et pour un rien souvent le tout se perd.

II — Appel à la sorcellerie

I, 2, vers 35-66 ⇨ ⇨ ⇨ traduction p. 137-138

*Pour éprouver la fidélité de la personne que l'on aime ou s'assurer de sa sincérité, il semble que les incantations et les cérémonies magiques aient joué un certain rôle dans la Rome ancienne : nous assistons à une scène de ce genre dans la VIIIe Bucolique de Virgile ; Horace aussi y fait allusion (*Satires*, I, 8, 23), mais le thème est nourri de réminiscences littéraires et il est difficile de voir dans ce morceau autre chose qu'un exercice littéraire. Le prototype de la magicienne est Médée (Euripide puis Sénèque) ; la scène d'évocation des morts est inspirée du livre XI de l'*Odyssée *(Lucain prête cette curiosité malsaine à Sextus, fils de Pompée, avant la bataille de Thapsus, au livre VI de* La Guerre civile, *vers 419-830) ; on peut aussi songer à l'ombre de Darius dans* Les Perses *d'Eschyle. La magicienne consultée par le poète lui a promis que Délie répondrait à son amour et que le mari ignorerait tout de cette liaison. Les manifestations de son pouvoir garantissent la véracité de ses prévisions et rassurent le poète.*

Parcite luminibus[1], seu vir seu femina fiat
obvia : celari vult sua furta Venus ;
neu strepitu terrete pedum neu quaerite nomen
neu prope fulgenti lumina ferte face[2] ;
si quis et imprudens aspexerit, occulat[3] ille
perque deos omnes se meminisse neget :
nam fuerit quicumque loquax, is sanguine natam[4],

is Venerem e rapido sentiet esse mari.
Nec tamen huic credet conjux tuus, ut mihi verax
pollicita est magico saga[5] ministerio.
Hanc ego de caelo[6] ducentem sidera vidi,
fluminis haec rapidi carmine vertit[7] iter,
haec cantu finditque[8] solum manesque sepulcris
elicit[9] et tepido devocat ossa rogo ;
jam tenet[10] infernas magico stridore catervas,
jam jubet aspersas[11] lacte referre pedem.
Cum libet, haec tristi depellit nubila caelo ;
cum libet, aestivo convocat orbe[12] nives.
Sola tenere malas Medeae[13] dicitur herbas,
sola feros Hecatae[14] perdomuisse canes.
Haec mihi composuit cantus, quis[15] fallere posses :
ter cane, ter dictis despue[16] carminibus ;
ille nihil[17] poterit de nobis credere cuiquam,
non sibi, si in molli viderit ipse toro.
Tu tamen abstineas[18] aliis : nam cetera cernet
omnia ; de me uno sentiet ille nihil.
Quid credam ? nempe haec eadem se dixit amores
cantibus aut herbis solvere[19] posse meos,
et me lustravit taedis[20], et nocte serena
concidit[21] ad magicos hostia pulla deos.
Non ego totus abesset amor, sed mutuus esset
orabam, nec te[22] posse carere velim.

NOTES

1. *parcite luminibus = nolite aspicere* : « ménagez votre regard, ne regardez pas », expression recherchée tant par le choix du verbe (compl. au datif) que par l'emploi, fréquent chez Tibulle, de *lumina = oculi ; obvia fieri* : « se trouver sur le passage ».

2. *fax, facis,* f. : « torche », c'étaient des branches de résineux que les esclaves agitaient devant leur maître pour éclairer son chemin ; *fulgenti face* est un ablatif de qualité qualifiant *lumina* : « lumières » ; *prope* (adverbe) *ferre* : « approcher ».

3. *occulo, -is, -ere, -cului, -cultum* : « cacher », *cf. celare* et le fréquentatif *occultare* ; le verbe, transitif, est employé sans complément (on peut suppléer : « ce qu'il aura vu » à tirer de la proposition *si quis aspexerit)* ; même remarque au vers suivant où le contenu de *meminisse* n'est pas précisé : « qu'il affirme qu'il ne se rappelle pas ». Ces diverses constructions renforcent l'impression de secret et de mystère.

4. *sanguine natam :* « née du sang » (d'Ouranos après sa mutilation par Cronos d'après la *Théogonie* d'Hésiode, vers 190). Le bavard (*loquax)* auquel le poète fait allusion est sans doute Anchise, aveuglé pour avoir parlé de ses amours avec la déesse (*Hymne homérique à Aphrodite,* vers 281).

5. *saga, -ae,* f. : « sorcière », il existe un adjectif *sagus, -a, -um* et surtout *sagax, -acis* (*sagacitas ; praesagium,* etc.) : ces mots appartiennent à l'origine au vocabulaire de la chasse (chercher le gibier, avoir du flair) ; *magico... ministerio* (ablat.) : « avec l'aide de la magie » ; cette indication complète la présentation du personnage, *magus* est un emprunt récent au grec.

6. *de caelo ducentem :* « faisant descendre du ciel » ; les magiciennes se flattaient d'amener la lune sur terre (probablement grâce à un jeu de miroirs), déjà chez Aristophane, *Nuées*, vers 749 ; l'emploi du participe complément de *vidi* insiste sur la durée de l'action, l'effort nécessaire.

7. *vertit iter* : « changer le cours » ; c'est un des phénomènes qui inquiète Didon au moment du départ d'Énée et la pousse au suicide (*Énéide*, IV, vers 487-490).

8. *findo, -is, -ere, fidi, fissum :* « ouvrir, creuser », cette crevasse était nécessaire pour établir le contact avec les puissances infernales.

9. *elicio, -is, -ere, -cui, -citum :* « faire sortir de, attirer », souvent par magie ; le verbe est formé sur le même radical que *lacesso* et les dérivés *delicio, -ere* (*deliciae*), *delecto, -are,* etc. ; *devocare :* « faire descendre » : les sorcières étaient, dit-on, si friandes des os des morts pour l'exercice de leur art qu'il fallait faire garder les bûchers, *cf.* ici *tepido rogo* (ablatif de la question *unde)* : « du bûcher encore tiède ».

10. *tenet* : « elle retient » (sur terre) ; *stridor, -oris,* m. : « grincement, sifflement », ce cri se retrouve dans le nom des striges, oiseaux carnivores, comme l'explique Ovide (*cf.* p. 90) ; *infernas catervas :* « troupes infernales », on peut penser aux lémures (on les appelle aussi *larvae)*, spectres terrifiants qui tourmentaient les vivants parce qu'ils avaient été privés à leur mort des honneurs funèbres ou que leur mort violente n'avait pas été vengée.

11. *aspersas lacte :* « arrosées de lait », cette offrande avait la propriété d'apaiser les esprits ; *referre pedem :* « revenir sur leurs pas », l'expression est banale et marque le retour à l'ordre.

12. *orbis, -is,* m. : « voûte céleste », équivalent poétique de *caelum,* vers précédent.

13. Médée, la Colchidienne, qui aurait révélé à la Thessalie, patrie de Jason (Iôlcos), ses secrets ; petite-fille du Soleil, elle était la nièce de Circé et passe parfois pour la fille d'Hécate ; *malae herbae :* « mauvaises plantes, vénéneuses » ; on sait que Pélias, oncle de Jason qui lui imposa l'expédition de la Toison d'or, fut victime de ses élixirs : Médée avait promis aux filles de Pélias que leur père sortirait rajeuni d'un chaudron placé sur le feu comme un vieux bélier qu'elle avait transformé sous leurs yeux en agneau, mais il ne devait jamais se remettre de l'opération.

14. Hécate, divinité bienveillante à l'origine, préside à la magie et aux enchantements ; elle apparaît aux sorcières, tenant une torche dans chaque main, suivie d'une meute de chiens. Plus crainte que vénérée, on l'honorait dans les carrefours (d'où l'épithète *Trivia* qui lui est fréquemment appliquée ; *perdomare* : « dompter complètement », le parfait insiste sur l'accomplissement de l'action.

15. *quis = quibus,* forme ancienne et poétique.

16. *despuo, -ere* : « cracher par terre », le crachat avait une valeur apotropaïque et passait pour écarter les envoûtements et autres actes de sorcellerie ; notez l'importance du chant ou du moins des formules rituelles (*cano, cantus, carmen).*

17. *nihil,* accusatif adverbial : « en rien, aucunement » ; *ille* ne peut désigner que le « mari » ; *cuiquam* est le complément au datif de *credere* (« croire quelqu'un »), *de nobis* : « à propos de nous », on peut se demander si le pluriel désigne les deux jeunes gens où si c'est un pluriel de « majesté ».

18. *abstineo, -es, -ere, -tinui, -tentum* (+ ablatif) : « se tenir loin, éloigné de ».

19. *solvo, -is, -ere, solui, solutum :* « défaire », l'idée est celle d'un lien qu'on détruit.

20. *taeda, -ae,* f. : « pin résineux », désigne par métonymie la torche utilisée notamment dans les mariages ; il s'agit sans doute ici de fumigations et d'actes de purification.

21. *concido, -is, -ere, cidi :* « tomber brutalement, s'écrouler », le verbe est ici au parfait ; *nocte serena :* « par une nuit claire », la lune a toujours joué un rôle important dans les scènes de sorcellerie ; *pullus, -a, -um* : « de couleur sombre, noir », couleur obligatoire des victimes vouées aux puissances infernales.

22. *te... carere* : « être privé de toi », la négation *nec* porte sur l'infinitif complément de *velim.*

Questions

1. Au vers 42, on a proposé de corriger *rapido* en *rabido*. Quelle leçon retenez-vous et pourquoi ?

2. Étudiez l'emploi des pronoms et adjectifs démonstratifs.

3. Soulignez l'importance du regard, de la parole et du chant dans le passage.

4. De quelle façon le poète évoque-t-il les pouvoirs de la magicienne, vers 45-58 ?

5. Analysez l'impression que vous laisse la lecture de ces quelques vers.

6. Pourquoi le poète consulte-t-il la magicienne ? Quel est le résultat de la consultation ?

7. Précisez le sens de la question que se pose le poète : *Quid credam ?*, au vers 61.

8. Quelle place le poète occupe-t-il dans cette scène ? Commentez le dernier distique.

9. Citez quelques légendes illustrant la cruauté de Vénus-Aphrodite. Expliquez les allusions à Médée.

10. Scandez les vers 59-66. Étudiez le rythme des pentamètres, vers 56, 58, 60.

Complément

Théocrite, *Idylles,* II, vers 10-47

Les Magiciennes

Simaitha a conçu un violent amour pour Delphis aperçu au cours d'une procession. Pour ramener à elle le jeune homme qui la délaisse, elle se livre avec sa servante à des pratiques de magie. Iynx, qu'elle invoque dans une sorte de refrain, est un oiseau, le torcol, qui servait à des opérations de magie amoureuse. Voici un extrait de l'idylle (écrite entre 265 et 260 av. J.-C.)

Maintenant je l'enchaînerai à l'aide de sacrifices. Mais toi, Séléné, brille d'un bel éclat ; car c'est à toi que je vais adresser à voix basse mes incantations, déesse, et à la souterraine Hécate, devant qui tremblent les chiens eux-mêmes, quand elle vient à travers les monuments des morts et le sang noir. Salut, Hécate redoutable ; assiste-moi jusqu'au bout, et rends mes enchantements aussi forts que ceux de Circé, ou de Médée, ou de la blonde Périmède.

Iynx, attire vers ma demeure cet homme mon amant.

C'est la farine d'abord que l'on consume dans le feu. Mais répands-la donc, Thestylis ! Malheureuse, où ton esprit est-il envolé ? Est-ce que par hasard, misérable, pour toi aussi je suis un objet de risée ? Répands, et dis en même temps ces paroles : « Ce sont les os de Delphis que je répands ».

Iynx, attire vers ma demeure cet homme mon amant.

Delphis m'a fait du mal ; moi, à l'intention de Delphis, je brûle cette branche de laurier ; et comme elle craque fort en prenant feu, comme elle s'est embrasée tout d'un coup sans même laisser de cendre visible, ainsi puisse la chair de Delphis s'anéantir dans la flamme.

Iynx, attire vers ma demeure cet homme mon amant.

Comme je fais fondre cette cire avec le concours de la déesse, ainsi fonde d'amour à l'instant le Myndien Delphis [Mynde est une ville de Carie en face de Cos] ; et comme ce disque d'airain tourne éperdument sous l'action d'Aphrodite, ainsi puisse-t-il tourner éperdument à ma porte.

Iynx, attire vers ma demeure cet homme mon amant.

Maintenant je vais brûler le son. Artémis, toi qui serais capable de remuer et l'acier des Enfers et ce qu'il peut y avoir encore d'inébranlable, [...] Thestylis, les chiens, tu les entends, aboient à travers la ville, la déesse est dans les carrefours ; vite fais résonner l'airain.

Iynx, attire vers ma demeure cet homme mon amant.

Voici que la mer se tait, que se taisent les vents ; mais point ne se tait ma peine dans mon sein. Je brûle tout entière pour lui, qui de moi, malheureuse, a fait, au lieu de son épouse, une mauvaise femme et une fille perdue.

Iynx, attire vers ma demeure cet homme mon amant.

(Traduction Ph.-E. Legrand, CUF, Les Belles Lettres)

Prolongement

Du Bellay, *Divers Jeux rustiques*

Contre une vieille

Vieille plus vieille que le monde,
Vieille plus que l'ordure immonde,
Vieille plus que la Fièvre blême
Et plus morte que la Mort même,
Plus que la Fureur furieuse,
Et plus que l'Envie envieuse
Tu es une attise-querelle,
Tu es sorcière et maquerelle,
Tu es hypocrite et bigote,
Et toujours ta bouche marmotte
Je ne sais quoi. Tu es au reste
Plus dangereuse que la peste.
Pour blesser une renommée
Avec ta langue envenimée,
Pour diffamer tout un lignage,
Pour troubler tout un voisinage,
Un royaume, une seigneurie,
Il ne faut point d'autre Furie. […]
Et toutefois, vieille Gorgone,
Toutefois, vieille Tisiphone,
Tu oses bien porter envie
Aux doux passe-temps de ma vie,
Et n'a honte, vieille prêtresse,
De t'accoster de ma maîtresse. […]
Tu peux détourner en arrière
Du ciel la course coutumière,
Tu peux ensanglanter la lune,
Tu peux tirer sous la nuit brune,
Les ombres de leur sépulture,
Et faire force à la nature.
Tu peux faire si bon te semble
Que sous tes pieds la terre tremble
Que les fleuves contre leur source
Tournent la bride de leur course
Et que les arbres des montagnes
Descendent au bas des campagnes.
Par toi les vignes sont gelées

Par toi les plaines sont grêlées,
Par toi les arbres se démentent,
Par toi les laboureurs lamentent
Leurs blés perdus, et par toi pleurent
Les bergers leurs troupeaux qui meurent.
Tu peux faire tout ce dommage
Tu peux encore davantage ;
Mais pour éteindre dans une âme
L'ardeur d'une amoureuse flamme
Tu n'as recette plus certaine
Que ton regard et ton haleine.

III — La toute-puissance de l'amour

I, 2, vers 67-100 ⇨⇨⇨ traduction p. 138

La pensée de vivre sans Délie est insupportable au poète qui puise dans son amour de nouvelles raisons pour fuir les honneurs. Dans la froideur de son amie, il ne veut voir que la vengeance de Vénus qu'il aurait offensée à son insu. Prêt à réparer ses fautes, conscient de fournir une cible aux moqueurs, il met en garde ceux qui ont attendu la vieillesse pour rechercher des plaisirs qui ne sont plus de leur âge. Totalement dévoué au culte de Vénus, le poète ne mérite pas les rigueurs de la déesse.

Ferreus ille fuit qui, te cum posset habere,
maluerit praedas stultus et arma sequi.
Ille licet Cilicum[1] victas agat ante catervas,
ponat et in capto Martia castra solo,
totus et argento contextus[2], totus et auro,
insideat celeri conspiciendus equo ;
ipse boves, mea, si tecum modo, Delia, possim
jungere et in solito pascere monte pecus,
et te dum liceat teneris retinere lacertis,
mollis et inculta[3] sit mihi somnus humo.
Quid Tyrio[4] recubare toro sine amore secundo
prodest, cum fletu nox vigilanda venit ?
Nam neque tunc plumae nec stragula[5] picta soporem

nec sonitus placidae ducere posset aquae.
Num Veneris magnae violavi numina verbo
et mea nunc poenas impia lingua luit[6] ?
Num feror[7] incestus sedes adiisse deorum
sertaque de sanctis diripuisse focis ?
Non ego, si merui, dubitem procumbere templis[8]
et dare sacratis oscula liminibus,
non ego tellurem genibus[9] perrepere supplex
et miserum sancto tundere[10] poste caput.
At tu, qui laetus rides mala nostra, caveto
mox tibi : non uni[11] saeviet usque deus.
Vidi ego qui juvenum miseros lusisset[12] amores
post Veneris vinclis subdere colla senem
et sibi blanditias tremula componere voce
et manibus canas fingere[13] velle comas ;
stare nec ante fores puduit caraeve puellae
ancillam medio detinuisse foro.
Hunc puer, hunc juvenis turba circumterit[14] arta,
despuit in molles et sibi quisque sinus.
At mihi parce, Venus : semper tibi dedita servit
mens mea ; quid messes uris acerba tuas ?

NOTES

1. *Cilicum catervae* : « les bandes de Ciliciens », la Cilicie se trouve au sud de l'Asie Mineure ; il est possible que Messalla ait eu à les combattre lors de l'expédition à laquelle Tibulle devra renoncer (*cf.* Troisième élégie) ; *ante* (adverbe) *agere* : « pousser devant soi » est l'expression habituelle pour désigner les populations vaincues et emmenées en esclavage, le même verbe sert pour les bestiaux, *ferre* s'emploie pour le reste du butin.

2. *contexo, -is, -ere, -texui, -textum* : « former par assemblage » : le général est au sens propre « tissu » d'or et d'argent : armes, cuirasse d'apparat, décorations auxquelles s'ajoutent celles de son cheval. Il dirigeait la bataille à cheval.

3. *incultus, -a, -um* : « aride ; sans confort ». On peut hésiter sur la valeur de l'adjectif : « Non pas "inculte" (Ponchont) mais "nue", sans même un tapis, en opposition avec *Tyrio... toro* » (J. André) ; *et* = *etiam.*

4. *Tyrius... torus :* « lit couvert de pourpre tyrienne » : c'est Tyr en Syrie qui produisait la pourpre la plus recherchée pour la teinture des tissus.

5. *stragula, -ae,* f. : « couverture » ; *pingo, -is, -ere, pinxi, pictum* : « broder ». Tibulle peut se souvenir de ces vers de Lucrèce : *nec calidae citius decedunt corpore febres / textilibus si in picturis ostroque rubenti / jacteris, quam si in plebeia veste cubandum est* (II, 34-36). C'était alors une idée très répandue chez les moralistes : le progrès du luxe corrompt les mœurs.

6. *luo, -is, -ere, lui :* « payer, acquitter ; expier », le sujet est *impia lingua.*

7. *feror,* emploi très rare du passif personnel de *fero* au sens de *dicor* : « prétend-on que je... ? », la forme impersonnelle *fertur* + prop. infin. est usuelle ; *incestus, -a, -um :* « impur, souillé » : il suffit d'un blasphème (*cf. verbo* ; *lingua).* Tibulle rappelle certains interdits religieux à la fête de la purification des champs : *Vos quoque abesse procul jubeo, discedat ab aris, / cui tulit hesterna gaudia nocte Venus ; / casta placent superis : pura cum veste venite / et manibus puris sumite fontis aquam* (II, 1, v. 11-14) ; *serta, -orum,* n. pl. : « guirlandes » (*cf. sero*).

8. *templis,* au datif, compl. du verbe de mouvement *procumbere* : « se coucher devant ». Ces manifestations de piété étaient réservées aux femmes, lors de catastrophes nationales (par exemple dans l'attente des nouvelles de la bataille de Cannes, elles balaient le parvis du temple de Jupiter avec leurs cheveux) ; les religions orientales, isiaque en particulier, avaient développé ces manifestations qui paraissaient excessives ou déplacées aux vieux Romains.

9. *genua, -uum,* n. pl. : « genoux » (sing. *genu, -us).* Sénèque met ce comportement en relation avec le culte d'Isis : *cum sistrum aliquis concutiens ex imperio mentitur, [...], cum aliquis genibus per viam repens ululat* (*De vita beata,* 26, 8) ; même réprobation chez Juvénal : *inde superbi / totum regis agrum nuda ac tremibunda cruentis / erepet genibus* (VI, 524).

10. *tundo, -is, -ere, tutudi, tunsum :* « frapper » ; Cicéron condamne ces pratiques : *illa varia et destabilia genera lugendi, paedores* (« crasse »), *muliebres lacerationes genarum, pectoris, feminum (femur,-inis :* « cuisse »), *capitis percussiones* (*Tusculanes,* III, 62).

11. *uni :* « contre un seul » (faut-il suppléer *mihi* ?), *saevio* se construit généralement avec *in* + acc. ; *usque,* adv. : « constamment ».

12. *ludo, -is, -ere, lusi, lusum* + acc. : « se moquer de » ; le

subjonctif dans la relative peut s'expliquer par une nuance causale (parce qu'il s'était moqué) ou une valeur généralisante (*cf. sunt qui...*) ; *post* = *postea*.
13. *fingo, -is, -ere, finxi, fictum* : « arranger ».
14. *circumtero,* ce composé de *tero, -is, -ere, trivi, tritum* ne se trouve qu'ici (hapax) : « frotter autour, se frotter contre », certains font de *circum* un adverbe ; *turba arta* est à l'ablatif ; les singuliers *puer, juvenis* indiquent la catégorie et se traduisent en français par des pluriels.

Questions

1. Analysez la forme *maluerit*, vers 68, et justifiez le mode. Dites à la lumière de cette analyse quelle valeur prend le parfait *fuit*.

2. Expliquez l'emploi des deux adjectifs verbaux *conspiciendus*, vers 72, et *vigilanda*, vers 78.

3. Par une étude précise du style, de la syntaxe et de la versification, soulignez l'opposition entre les deux genres de vie présentés au début de l'extrait, vers 69-72 et 73-76.

4. Étudiez le vocabulaire en rapport avec la religion et l'impiété.

5. Quelles craintes les questions introduites par *num*, vers 81 et 83, révèlent-elles ?

6. Relevez et appréciez les preuves d'amour données par le poète.

7. Commentez la scène du barbon amoureux, vers 91-98. Quelle est l'intention du poète ? Expliquez l'expression qui termine le passage.

8. Exposez le procès imaginaire du poète : à quel titre réclame-t-il l'indulgence de Vénus ?

9. Quels éléments de bonheur se trouvaient déjà dans la première élégie ? Doit-on dire que Tibulle se répète ?

10. Relevez dans le passage des exemples d'élision de voyelles et cherchez l'effet produit. Scandez les vers 91-100 ; indiquez les coupes.

Prolongement

La Fontaine, *Fables,* XI, 4, vers 18-40

Le songe d'un habitant du Mogol

Si j'osais ajouter au mot de l'interprète,
J'inspirerais ici l'amour de la retraite :
Elle offre à ses amants des biens sans embarras,
Biens purs, présents du Ciel, qui naissent sous les pas.
Lieux que j'aimai toujours, ne pourrai-je jamais,
Loin du monde et du bruit, goûter l'ombre et le frais ?
Oh ! qui m'arrêtera sous vos sombres asiles ?
Quand pourront les neuf Sœurs, loin des cours et des villes,
M'occuper tout entier, et m'apprendre des cieux
Les divers mouvements inconnus à nos yeux,
Les noms et les vertus de ces clartés errantes
Par qui sont nos destins et nos mœurs différentes ?
Que si je ne suis né pour de si grands projets,
Du moins que les ruisseaux m'offrent de doux objets !
Que je peigne en mes vers quelque rive fleurie !
La Parque à filets d'or n'ourdira point ma vie ;
Je ne dormirai point sous de riches lambris.
Mais voit-on que le somme en perde de son prix ?
En est-il moins profond, et moins plein de délices ?
Je lui voue au désert de nouveaux sacrifices.
Quand le moment viendra d'aller trouver les morts,
J'aurai vécu sans soins, et mourrai sans remords.

TROISIÈME ÉLÉGIE
LE POÈTE MALADE

L'élégie est adressée à Messalla qui doit se rendre en Orient, probablement en Asie Mineure, pour affaires d'État : était-il parti combattre les gladiateurs de Cyzique qui avaient pris le parti d'Antoine et semaient le désordre dans la région d'Antioche ? Cette expédition se situe entre la bataille d'Actium (1er août 31) et la mort d'Antoine l'année suivante ; Tibulle fait partie de l'état-major mais n'exerce aucun commandement militaire. Dans cette période de troubles, le départ a dû être décidé précipitamment et on peut penser que le poète, qui vient de rencontrer Délie (Première élégie), est parti à contrecœur. Pendant le voyage, il s'arrête malade à Corcyre, et à la peur de mourir en terre étrangère s'ajoute la crainte de ne pas revoir Délie. Mais il veut espérer encore.

I — Regrets

I, 3, vers 1-48 ⇨ ⇨ ⇨ traduction p. 139-140

Affaibli par la maladie, le poète souffre de la solitude morale à laquelle il est condamné et revit en pensée les moments qui ont précédé son départ : les alarmes de Délie, dans lesquelles il voyait des craintes sans fondement ou des preuves d'amour, paraissent sur le point de se réaliser. Dans un sursaut de révolte, il dénonce les mœurs de son temps, la course aux honneurs, la soif des richesses auxquelles il oppose le mythe de l'âge d'or. Repoussant la mort de toutes ses forces, il s'attendrit au souvenir de sa patrie et des dieux familiers qui attendent son retour.

Ibitis Aegaeas[1] sine me, Messalla, per undas,
    o utinam memores[2] ipse cohorsque mei !
Me tenet ignotis[3] aegrum Phaeacia terris.

Abstineas[4] avidas, Mors, modo, nigra, manus ;
abstineas, Mors atra, precor : non hic mihi mater
quae legat[5] in maestos ossa perusta sinus,
non soror, Assyrios[6] cineri quae dedat odores
et fleat effusis ante sepulcra comis,
Delia non usquam, quae, me cum mitteret[7] urbe,
dicitur ante omnes consuluisse deos ;
illa sacras pueri sortes[8] ter sustulit : illi
rettulit e triviis[9] omnia certa puer ;
cuncta dabant reditus ; tamen est deterrita[10] numquam
quin fleret nostras respiceretque[11] vias.
Ipse ego solator, cum jam mandata dedissem,
quaerebam tardas[12] anxius usque moras ;
aut ego sum causatus aves aut omina dira
Saturnive[13] sacram me tenuisse diem.
O quotiens ingressus iter mihi tristia dixi
offensum[14] in porta signa dedisse pedem !
Audeat invito ne quis discedere Amore,
aut sciat egressum se prohibente deo.
Quid tua nunc Isis mihi, Delia, quid mihi prosunt
illa tua totiens aera[15] repulsa manu,
quidve, pie dum sacra colis[16], pureque lavari
te, memini, et puro secubuisse toro ?
Nunc dea, nunc succurre mihi (nam posse mederi
picta docet templis multa tabella[17] tuis),
ut mea votivas[18] persolvens Delia voces
ante sacras lino tecta[19] fores sedeat
bisque die resoluta comas[20] tibi dicere laudes
insignis turba debeat in Pharia.
At mihi contingat patrios celebrare[21] Penates
reddereque antiquo menstrua tura Lari.
Quam bene Saturno vivebant rege, priusquam
tellus in longas est patefacta vias !
Nondum caeruleas pinus contempserat undas,

effusum ventis praebueratque sinum[22],
nec vagus ignotis repetens compendia[23] terris
presserat externa navita merce ratem.
Illo non validus subiit juga tempore taurus,
non domito frenos ore momordit equus,
non domus ulla fores habuit, non fixus in agris,
qui regeret[24] certis finibus arva, lapis ;
ipsae mella dabant quercus, ultroque ferebant
obvia securis[25] ubera lactis oves.
Non acies, non ira fuit, non bella, nec ensem
immiti saevus duxerat[26] arte faber.

NOTES

1. *Aegaeas per undas :* « à travers la mer Égée » (*Aegaeum mare*), elle devait son nom au roi d'Athènes Égée qui s'y précipita au retour de Thésée, craignant que son fils n'ait été tué dans le combat contre le Minotaure comme le laissaient croire les voiles noires de son navire : égaré par les malédictions d'Ariane abandonnée sur l'île de Naxos, Thésée avait oublié de hisser les voiles blanches ; notez la très forte disjonction, la mise en valeur de *sine me* entre la penthémimère et l'hephthémimère.

2. *memor, oris,* adj. + gén. : « qui garde le souvenir de » ; *cohors* (*praetoria)* : ce sont les attachés d'état-major, jeunes gens de bonne famille qui cherchaient à se faire un nom dans l'entourage d'une personnaage important ; ils accompagnaient le général en campagne ou le gouverneur se rendant dans sa province. Les manuscrits présentent l'interjection *o* devant *utinam* (on trouve généralement *o si...)*, la voyelle s'élide bien que le mot soit monosyllabique ; certains éditeurs font l'économie de l'interjection.

3. *ignotus, -a, -um* : « inconnu ; étranger » ; il importe peu ici que l'adj. soit employé avec une valeur active ou passive, étant donné que la notion implique la réciprocité. *Phaeacia* est l'ancien nom de Corcyre (mod. Corfou ; Schéria chez Homère) ; Alcinoüs, père de Nausicaa, régnait sur l'île lors du retour d'Ulysse ; notez que l'île est sujet du verbe *tenet.*

4. *abstineo, -es, -ere, -tinui, -tentum* : « tenir écarté de », composé de *teneo* (le rapprochement avec *tenet* est-il intentionnel ?) ; le premier emploi du subjonctif exprime la volonté, le second peut s'expliquer par une parataxe (*abstineas precor*).

5. *lego, -is, -ere, legi, lectum* : « recueillir, ramasser », c'est le premier sens du verbe ; le subjonctif donne à la relative un sens final.

6. *Assyrios odores :* « les parfums orientaux » ; ils provenaient généralement de l'Arabie « heureuse » et étaient apportés par caravanes à travers le désert de Syrie avant de s'embarquer à Pétra ou à Gaza ; certains parfums venaient aussi d'Arménie, l'adjectif n'indique pas une provenance précise mais apporte une touche d'exotisme ; on avait l'habitude de répandre des parfums sur le bûcher funèbre.

7. *mitto, -is, -ere, misi, missum* : « laisser partir » (= *dimittere)* ; l'ablatif (de la question *unde)* n'est pas accompagné de la préposition, *urbs* étant l'équivalent d'un nom propre, *Roma* ; notez la construction personnelle *dicitur consuluisse* (*consulo, -is, -ere, -sului, -sultum)* ; *ante* est employé comme adverbe de temps.

8. *sors, sortis,* f. : « tablette de sort », en bois, parfois en plomb ou en or, ces tablettes permettaient de révéler l'avenir : prises au hasard dans une corbeille présentée par un jeune assistant (*puer)*, elles étaient interprétées par les diseurs de bonne aventure. Les Romains de cette époque étaient très superstitieux ; *ter* : « trois fois » est un chiffre magique.

9. *e triviis puer :* « l'enfant des carrefours », le complément prépositionnel remplace un génitif complément de nom ou un adjectif ; c'est dans les carrefours (*trivium* ou croisée de trois chemins), où passait beaucoup de monde, que s'installaient généralement les *sortilegi* ; on en trouvait aussi aux abords du Grand Cirque à Rome (Horace, *Satires,* I, 6, 114). On interrogeait parfois l'avenir dans les temples, surtout celui de la Fortune à Préneste. Apulée donne un moyen simple pour s'enrichir : utiliser une formule unique qui s'applique à tous les cas (*cf.* Complément, p. 65) ; *dare* : « garantir, assurer », *reditus :* « retour » est au pluriel parce qu'il y a eu trois réponses.

10. *deterreo, -es, -ere, -terrui, -territum* : « effrayer de façon à empêcher, empêcher par intimidation », la construction du verbe est celle des verbes d'empêchement.

11. *respicio, -is, -ere, -spexi, -spectum* : « regarder derrière soi, avec appréhension ; craindre » ; *vias :* « voyage, départ » est au pluriel parce que la scène se répète ; *solator* est un mot rare, désignant celui qui fait office de consolateur (valeur du suffixe).

12. *tardus, -a, -um :* « lent ; qui retarde ».

13. *Saturni sacra dies :* « jour consacré à Saturne », dont nous avons fait le samedi, c'est le sabbat (on notera que la première syllabe de *sacram* compte pour

une longue) : il existait à cette époque une importante colonie juive à Rome ; on sait que Vespasien profita du jour du sabbat pour prendre le temple de Jérusalem ; *causari,* trans. : « prétexter, saisir un prétexte » ; *aut* répond à un premier *aut* sous-entendu (= *aut quaerebam,* vers précédent) ; *tenuisse* = *retinuisse.*
14. *offensus... pes :* « le pied qui a buté contre », l'expression (sujet de *dedisse*) désigne un faux-pas, évidemment de mauvais augure avant un départ.
15. *aes, aeris,* n. : « bronze, au pl. objets de bronze », en particulier le sistre (*sistrum*) utilisé pendant les offices : c'était une sorte de crécelle, formée d'un certain nombre de tiges métalliques fixées à chaque bout dans un châssis ressemblant à un miroir ovale : on tenait le sistre par le manche et on le secouait rapidement de façon à faire rendre aux tiges métalliques des sons aigus qui devaient être parfaitement désagréables ; *repello, -is, -ere, -puli, -pulsum* : « faire rebondir, entrechoquer », le pluriel est expliqué par *totiens.*
16. *pie dum sacra colis* : « pendant que tu te livres aux pieuses pratiques » ; *quidve (prodest) :* « à quoi te sert-il ? » ; *prodest* a pour sujet les deux propositions infinitives *lavari te... et secubuisse ; secubare* : « coucher seul, à part » (valeur du préverbe) ; *memini* est en incise.
17. *multa tabella :* « beaucoup de petits tableaux », ex-votos offerts à la déesse pour la remercier, le singulier (à valeur de collectif) a peut-être été préféré au pluriel pour suggérer l'idée d'une masse confuse.
18. *votivae voces* = *vota* (notez l'allitération ainsi que la place du nom et de l'adjectif) ; *persolvere vota* : « s'acquitter de ses vœux » est une expressin fréquente. On ne sacrifiait aux dieux qu'après avoir obtenu ce qu'on attendait d'eux : si Isis guérit le poète, Délie s'assiéra devant le temple et devra chanter les louanges de la déesse.
19. *lino tecta* : « habillée de lin » (blanc).
20. *resoluta comas* : « les cheveux dénoués » ; *turba in Pharia :* « au milieu d'une foule égyptienne » : l'île de Pharos en face d'Alexandrie désigne toute la colonie égyptienne de Rome.
21. *celebrare* : « rendre visite à, fêter » ; *tus, turis,* n. (= *tus incensum)* : « encens » ; *menstruus, -a, -um* : « offert une fois par mois » (le jour des calendes) ; *reddere* (donner en retour) est le mot juste pour désigner l'offrande aux dieux en relation avec l'octroi d'une faveur.
22. *sinus, -us,* m. : « voile » d'un navire ; ailleurs « pli de la robe » (*cf.* vers 6) ; *pinus, -us,* f. : « pin » et par métonymie : « navire ».
23. *compendium, -ii,* n. : « gain, profit » ; *vagus... navita* (notez la disjonction) : « le navigateur parti à l'aventure », *navita* = *nauta* (emprunt ancien au grec), refait sur *navis,* terme poétique.
24. *rego, -is, -ere, rexi, rectum* : « fixer, délimiter » (= *dirigere, cf.*

regula) ; *non fixus (est) lapis :* « la pierre n'a pas été enfoncée dans le sol ».
25. *securis (hominibus) :* « aux (paysans) exempts de soucis » ; *ubera, -um*, n. pl. : « mamelles », le mot est directement construit avec le génitif partitif *lactis* (= *u. lactea*) : « gonflées de lait » ; il existe aussi un adjectif *uber, -eris* + gén. = « riche de ».
26. *duco, -is, -ere, duxi, ductum* : « étirer (en forgeant), forger ».

Questions

1. Expliquez la construction de *deterreo*, vers 13. Rappelez les principaux emplois de *quin* (adverbe et conjonction), vers 14.

2. Quel est l'effet produit par la répétition de *Mors*, vers 4 et 5.

3. Les pensées du poète malade vont à sa mère, à sa sœur, à Délie : appréciez les variantes dans l'évocation des trois personnes chères, vers 5-10.

4. Relevez quelques emplois intéressants du singulier et du pluriel et justifiez à chaque fois la préférence du poète.

5. Expliquez le choix des préverbes, vers 11 et 12.

6. Le poète angoissé se tourne vers les dieux ; appréciez le contenu et le ton de ses prières.

7. Quelle place Délie occupe-t-elle dans le passage ?

8. Commentez l'évocation de l'âge d'or, vers 35-48.

9. Virgile, qui a rédigé les *Géorgiques* entre 37 et 29, décrit en ces termes le passage de l'âge d'or au règne de Jupiter :

Ante Jovem nulli subigebant arva coloni ; 125
ne signare quidem aut partiri limite campum
fas erat : in medium quaerebant ; ipsaque tellus
omnia liberius, nullo poscente, ferebat [...]
Tunc alnos primum fluvii sensere cavatas ; 136
navita tum stellis numeros et nomina fecit,
Pleiadas, Hyadas, claramque Lycaonis Acton ;
tum laqueis captare feras et fallere visco

inventum et magnos canibus circumdare saltus ;
atque alius latum funda verberat amnem
alta petens, pelagoque alius trahit umida lina ;
tum ferri rigor, atque argutae lamminae serrae
(nam primi cuneis scindebant fissile lignum),
tum variae venere artes : labor omnia vicit
improbus, et duris urgens in rebus egestas.

(Virgile, *Géorgiques*, I, vers 125-146)

Avant Jupiter, point de cultivateur qui travaillât les champs ; il eût été moins sacrilège de placer des bornes ou de diviser la campagne par une limite : on mettait en commun les récoltes, et la terre produisait tout d'elle-même, avec plus de libéralité, sans être sollicitée [...] Alors, pour la première fois, les fleuves sentirent les troncs creusés des aunes ; alors le navigateur dénombra et dénomma les étoiles : Pléiades, Hyades, et Arctos la brillante, fille de Lycaon. Alors on imagina de prendre les bêtes sauvages avec des lacs, de les tromper avec de la glu, et de cerner avec une meute les grands halliers. Et puis un autre fouette avec l'épervier le vaste fleuve, dont il gagne le large ; un autre traîne dans la mer ses filets humides. Alors on connaît la rigidité du fer et la lame de la scie criarde (car les premiers hommes fendaient le bois au moyen de coins) ; alors parurent les différents arts. Ce travail acharné vint à bout de tout, ainsi que le besoin pressant dans une dure condition.

(Traduction J. Perret, CUF, Les Belles Lettres)

Montrez que les deux poètes, tout en utilisant le même fonds de légendes, se placent d'un point de vue différent.

10. Scandez les vers 37-46. Étudiez le choix des mots à la coupe et en fin de vers.

Compléments

1. Ovide, *Amores,* III, 9, vers 47-68

La mort de Tibulle

Ce poème a été composé à l'occasion de la deuxième édition des Amours. *On s'est demandé si on devait ajouter foi aux indications que donne Ovide sur la mort de Tibulle : la présence des deux personnes aimées, sous le nom que le poète leur a donné, est sujette à caution ou, selon d'autres, d'un mauvais goût achevé. Ce n'est peut-être qu'une fiction de poète...*

Sed tamen hoc melius, quam si Phaeacia tellus
  ignotum vili supposuisset humo.
Hinc certe madidos fugientis pressit ocellos
  mater et in cineres ultima dona tulit ;
hinc soror in parem misera cum matre doloris
  venit inornatas dilaniata comas,
cumque tuis sua junxerunt Nemesisque priorque
  oscula nec solos destituere rogos.
Delia descendens ; « Felicius, inquit, amata
  sum tibi ; vixisti, cum tuus ignis eram. »
Cui Nemesis ; « Quid, ait, tibi sunt mea damna dolori ?
  Me tenuit moriens deficiente manu. »
Si tamen e nobis aliquid nisi nomen et umbra
  restat, in Elysia valle Tibullus erit :
obvius huic venies hedera juvenalia cinctus
  tempora cum Calvo, docte Catulle, tuo ;
tu quoque, si falsum est temerati crimen amici,
  sanguinis atque animae prodige Galle tuae.
His comes umbra tua est ; si qua est modo corporis umbra,
  auxisti numeros, culte Tibulle, pios.
Ossa quieta, precor, tuta requiescote in urna,
  et sit humus cineri non onerosa tuo.

Et cependant notre ami est moins à plaindre que si, mort dans le pays des Phéaciens, il avait, inconnu, senti peser sur lui un sol qu'il n'aurait pas aimé. Ici, du moins, une mère a fermé les yeux désormais vagues de celui qui nous quittait et porté à sa cendre les derniers dons. Ici une sœur, partageant la douleur d'une mère infortunée, est venue sur ta tombe, les cheveux arrachés et en désordre ; Némésis et ta première amie ont joint leurs baisers à ceux des tiens et t'ont suivi jusqu'au bûcher. Délie disait en descendant du bûcher : « C'est lorsque tu m'aimais que tu étais le plus heureux : tu vivais alors que j'étais l'objet de ta flamme. » — « Pourquoi, répond Némésis, me plains-tu de la perte que j'ai faite ? C'est moi que, mourant, il a tenue de sa main défaillante. »

Si pourtant il reste de nous autre chose qu'un nom et qu'une ombre, Tibulle habitera dans le vallon élyséen. Au-devant de lui, ton jeune front couronné de lierre, tu viendras avec ton cher Calvus, docte Catulle. Toi aussi, si, comme je le pense, on t'accuse à tort d'avoir offensé ton ami [Auguste], tu viendras, Gallus, toi qui as été si prodigue de ton sang et de ta vie. Voilà les ombres qui accompagneront la tienne ; si toutefois l'ombre d'un corps est quelque chose, Tibulle, élégant poète, tu as grossi la troupe des vertueux. Ossements, je vous en prie, reposez en paix dans l'urne qui vous protège et puisse la terre ne pas peser sur ta cendre.

(Traduction H. Bornecque, CUF, Les Belles Lettres)

2. Apulée, *Métamorphoses,* IX, 8

Les diseurs de bonne aventure

Sorte unica pro casibus pluribus enotata consulentes de rebus variis plurimos ad hunc modum cavillantur. Sors haec erat :

ideo conjuncti terram proscindunt boves,
ut in futurum laeta germinent sata.

Tu si qui matrimonium forte coaptantes interrogarent, rem ipsam responderi aiebant : jungendos conubio et satis liberum procreandis ; si possessiones praestinaturus quaereret, merito boves et jugum et arva sementis florentia pronuntiari ; si qui de profectione sollicitus divinum caperet auspicium, junctos jam paratosque quadripedum cunctorum mansuetissimos et lucrum promitti de glebae germine ; si proelium capessiturus vel latronum factionem persecuturus utiles necne processus sciscitaretur, addictam victoriam forti praesagio contendebant, quippe cervices hostium jugo subactum iri et praedam de rapinis uberrimam fructuosamque captum iri.

Ils composèrent un sort unique qui s'appliquait à des cas multiples et s'en servirent pour berner de cette manière ceux qui venaient en foule les consulter sur une chose ou sur une autre. Le sort était ainsi conçu : « Les bœufs mis sous le joug, s'ils creusent un sillon, c'est pour que se lève un jour une riche moisson ». Après cela, quelqu'un les interrogeait-il qui se disposait, par exemple, à contracter mariage ? Ils avaient, disaient -ils, réponse faite pour la circonstance : le joug était celui du mariage, d'où lui naîtraient des moissons d'enfants. Leur demandait-on conseil sur l'achat d'une propriété ? C'était à juste titre de bœufs, de joug, de semailles et d'opulentes récoltes qu'il était fait mention. Était-ce une personne occupée d'un projet de voyage qui voulait prendre auspice de la déesse ? Les bêtes les plus douces du monde, déjà sous le joug, l'attendaient, et ce qui lèverait du sol annonçait un bénéfice. Était-ce au moment d'engager un combat ou de poursuivre une bande de brigands qu'on cherchait à savoir si l'entreprise serait ou non fructueuse ? La victoire, assureraient-ils, était garantie par ce présage encourageant ; les ennemis, en effet, courberaient la tête sous le joug et le pillage procurerait un butin ample et profitable.

(Traduction P. Vallette, CUF, Les Belles Lettres)

II — L'espoir du retour

I, 3, vers 49-94 ⇨ ⇨ ⇨ traduction p. 140-141

Hanté par la mort, le poète compose sa propre épitaphe et songe au sort qui attend les âmes après la mort. Au séjour paisible et lumineux réservé aux dévôts de Vénus s'oppose le monde sombre, violent, cruel de ceux qui ont failli à l'amour. Après avoir voué aux ténèbres infernales d'éventuels rivaux, Tibulle se voit déjà de retour auprès de Délie ; et c'est sur l'image apaisée d'un bonheur parfait, hors du temps et idéal, que s'achèvent les confidences du poète malade.

Nunc Jove sub domino caedes et vulnera semper,
    nunc mare, nunc leti[1] mille repente viae.
Parce, pater : timidum[2] non me perjuria terrent,
    non dicta in sanctos impia verba deos.
Quod si fatales jam nunc explevimus annos,
    fac[3] lapis inscriptis stet super ossa notis :
HIC JACET IMMITI CONSVMPTVS MORTE TIBVLLVS
    MESSALLAM TERRA DVM SEQVITVRQUE MARI.
Sed me, quod facilis[4] tenero sum semper Amori,
    ipsa Venus campos ducet in Elysios.
Hic choreae[5] cantusque vigent, passimque vagantes
    dulce sonant tenui gutture carmen aves ;
fert casiam[6] non culta seges, totosque per agros
    floret odoratis terra benigna rosis ;
ac juvenum series teneris immixta puellis
    ludit, et adsidue proelia miscet[7] Amor.
Illic est, cuicumque rapax Mors venit amanti,
    et gerit insigni myrtea serta coma.

At scelerata[8] jacet sedes in nocte profunda
abdita, quam circum flumina nigra sonant ;
Tisiphoneque impexa[9] feros pro crinibus angues
saevit et huc illuc impia turba fugit ;
tum niger in porta serpentum[10] Cerberus ore
stridet et aeratas excubat ante fores.
Illic Junonem temptare Ixionis[11] ausi
versantur celeri noxia membra rota ;
porrectusque novem Tityos[12] per jugera terrae
adsiduas atro viscere pascit aves ;
Tantalus[13] est illic, et cicum stagna, sed acrem
jam jam poturi deserit unda sitim ;
et Danai proles[14], Veneris quod numina laesit,
in cava Lethaeas dolia portat aquas.
Illic sit quicumque meos violavit amores,
optavit lentas et mihi militias.
At tu casta precor maneas, sanctique pudoris
adsideat custos sedula semper anus.
Haec tibi fabellas referat positaque lucerna
deducat plena stamina[15] longa colu ;
at circa gravibus pensis[16] adfixa puella
paulatim somno fessa remittat opus.
Tunc veniam subito, nec quisquam nuntiet ante,
sed videar caelo missus adesse tibi ;
tunc mihi, qualis eris longos turbata capillos,
obvia nudato, Delia, curre pede.
Hoc precor, hunc illum[17] nobis Aurora nitentem
Luciferum roseis candida portet equis.

NOTES

1. *letum, -i,* n. : « mort » (terme poétique), l'expression est empruntée à Lucrèce : *leti vitare vias* (II, 918).

2. *timidum,* attribut de *me :* « craignant les dieux, car je… », la négation porte sur l'ensemble de la phrase.

3. *fac... stet* : cette construction de *facio* (parataxe) se trouve surtout quand le verbe est à l'impératif : « permets que », elle appartient à la langue familière et dénote ici une certaine spontanéité.
4. *facilis, -e* : « docile, accessible, bienveillant », le complément de l'adjectif est au datif.
5. *choreae* : « danses » (emprunt au grec) ; *dulce,* adverbe : « doucement, agréablement ».
6. *casia, -ae,* f. : « cannelle ».
7. *miscere proelia* : « engager le combat », expression poétique.
8. *scelerata... sedes* : « le séjour des réprouvés », souillé par la faute des grands criminels ; les « fleuves noirs » qui les entourent sont le Cocyte (fleuve des lamentations) et le Périphlégéthon (fleuve de feu). Le Styx et l'Achéron enferment la totalité du domaine infernal. On trouve dans le *Phédon* de Platon une description du monde souterrain.
9. *impexa... angues* : « décoiffée, hirsute de serpents », *cf. pecto, -is, -ere, -pexi, -pexum* : « coiffer », la particule *in-*, privative, ne s'emploie que devant un adjectif ou un adverbe ; *feros angues* remplace *crines,* comme l'indique bien l'expression *pro crinibus* ; on peut traduire : « les cruels serpents qui lui tiennent lieu de cheveux se dressent en désordre sur sa tête » ; Tisiphone est une des trois Érinyes (dont les Latins ont fait les Furies), ses sœurs sont Alecto et Mégère. Elles vengent les crimes de sang, en particulier à l'intérieur de la famille (ce sont elles qui causent les malheurs de la famille d'Agamemnon après le sacrifice d'Iphigénie ; *cf.* la trilogie d'Eschyle).
10. *serpentum ore* : « avec des têtes de serpent » (m. à m. la tête des serpents, chacun n'ayant qu'une tête) ; Cerbère est en effet représenté avec des têtes de serpents sur le dos (sans doute à l'imitation de sculptures étrusques comme la Chimère d'Arezzo) ; *excubare* : « passer la nuit dehors ; monter la garde », expression militaire : le chien était attaché à la porte du palais d'Hadès ; on sait comment Hercule parvint à l'endormir et à le remonter sur terre.
11. Ixion était condamné au supplice de la roue pour avoir tenté de faire violence à Héra dont il était amoureux ; *noxius, -a, -um* : « coupable » (*cf. noceo* et *innoxius*).
12. Tityos, fils de Zeus, était un géant qu'Héra, selon certaines formes de la légende, avait lancé contre Lèto, jalouse des enfants qu'elle venait de mettre au monde, Artémis et Apollon. Zeus protégea les nouveau-nés en précipitant le Géant au fond du Tartare : deux serpents (ou deux aigles) dévorent son foie qui repousse toujours ; *viscus, -eris,* n. : « foie », plus souvent employé au pluriel *viscera, -um.*
13. Tantale (dont le supplice est déjà connu d'Homère) était puni pour son insolence à l'égard des dieux. Roi de Lydie, aimé des dieux, il était invité à leurs festins

mais vola un jour de l'ambroisie pour en donner à ses amis. Un autre jour, il offrit aux dieux son propre fils accommodé en ragoût, mais tous (sauf Déméter préoccupée par la disparition de sa fille) s'en aperçurent à temps et l'enfant revint à la vie : c'était Pélops, qui devait devenir le père d'Atrée et de Thyeste.
14. Les cinquante filles de Danaos (*proles, -is,* f. : « descendance »), roi de Libye, avaient assassiné leurs maris la nuit de leurs noces (ils étaient leurs cousins, leur père Égyptos était le frère de Danaos), toutes sauf une, Hypermnestre, qui épargna Lyncée.
15. *stamen, -inis,* n. : « fil » ; *colus, -us,* f. : « quenouille ».
16. *pensum, -i,* n. : « poids » (de laine), « tâche », *grave* est à prendre au sens propre : « lourd » ; *adfigo, -is, -ere, -fixi, -fixum* + datif : « attacher, fixer à ». On songe irrésistiblement au sonnet de Ronsard : « Quand vous serez bien vieille, au soir, à la chandelle… ».
17. *hunc illum… Luciferum* : « ce beau jour que j'appelle de mes vœux », l'association des deux démonstratifs de sens différents est assez rare mais se trouve ailleurs ; *Lucifer, -eri,* m., qui désigne la planète Vénus, étoile du matin, est un équivalent poétique de *dies* ; on l'appelle aussi *Vesper*, « l'étoile du berger ».

Questions

1. Étudiez la composition de l'élégie ; soulignez la reprise des mêmes thèmes, l'évolution des sentiments.

2. Comparez les deux expressions *Saturno rege*, vers 35, et *Jove sub domino*, vers 49.

3. À quel temps et à quel mode est *veniam*, vers 89 ?

4. Expliquez l'emploi de *adsiduas*, vers 76.

5. Mettez en parallèle les deux distiques, vers 65-66 et vers 81-82.

6. Justifiez le choix opéré par Tibulle parmi les coupables voués aux supplices infernaux. Quelle idée le poète se fait-il de la mort ?

7. Quels plaisirs attendent ceux que Vénus conduit aux Champs Élysées ?

8. Tibulle consacre un distique à l'évocation des figures infernales, vers 69-80 : appréciez la vigueur de l'évocation et la variété du style.

9. Commentez l'évocation du retour, vers 83-94. Justifiez le choix de l'heure, le cadre, l'occupation des femmes. À quoi peut-on déceler l'émotion du poète ?

10. Scandez les vers 58-66. Appréciez le jeu des sonorités, indiquez les coupes.

Complément

Lucrèce, *De rerum natura,* III, vers 978-1002

Une interprétation des supplices infernaux

Atque ea nimirum quaecumque Acherunte profundo
prodita sunt esse, in vita sunt omnia nobis.
Nec miser inpendens magnum timet aere saxum
Tantalus, ut famast, cassa formidine torpens ;
sed magis in vita divum metus urget inanis
mortales, casumque timent quem cuique ferat fors.
Nec Tityon volucres ineunt Acherunte jacentem,
nec quod sub magno scrutentur pectore quicquam
perpetuam aetatem possunt reperire profecto :
quamlibet immani projectu corporis extet,
qui non sola novem dispessis jugera membris
optineat, sed qui terrai totius orbem,
non tamen aeternum poterit perferre dolorem,
nec praebere cibum proprio de corpore semper.
Sed Tityos nobis hic est, in amore jacentem
quem volucres lacerant atque exest anxius angor,
aut alia quavis scindunt cuppedine curae.
Sisyphus in vita quoque nobis ante oculos est,
qui petere a populo fasces saevasque secures
imbibit, et semper victus tristisque recedit.
Nam petere imperium, quod inanest nec datur umquam,
atque in eo semper durum sufferre laborem,
hoc est adverso nixantem trudere monte
saxum, quod tamen e summo jjam vertice rusum
volvitur, et plani raptim petit aequora campi.

De même assurément, tous les châtiments que la tradition place dans les profondeurs de l'Achéron, tous, quels qu'ils soient, c'est dans notre vie qu'on les trouve. Il n'est point, comme le dit la fable, de malheureux Tantale craignant sans cesse l'énorme rocher suspendu sur sa tête, et paralysé d'une terreur sans objet : mais c'est plutôt la vaine crainte des dieux qui tourmente la vie des mortels, et la peur des coups dont le destin menace chacun de nous. Il n'y a pas non plus de Tityos gisant dans l'Achéron, déchiré par des oiseaux ; et ceux-ci d'ailleurs dans sa vaste poitrine ne sauraient trouver de quoi fouiller pendant l'éternité. Si effroyable que fût la grandeur de son corps étendu, quand même, au lieu de ne couvrir que neuf arpents de ses membres écartelés, il occuperait la terre tout entière, il ne pourrait pourtant endurer jusqu'au bout une douleur éternelle, ni fournir de son propre corps une pâture inépuisable. Mais pour nous Tityos est sur terre : c'est l'homme vautré dans l'amour, que les vautours de la jalousie déchirent, que dévore une angoisse anxieuse, ou dont le cœur se fend dans les peines de quelque autre passion. Sisyphe lui aussi existe dans la vie ; nous l'avons sous nos yeux, qui s'acharne à briguer auprès du peuple les faisceaux et les haches redoutables, et qui toujours se retire vaincu et plein d'affliction. Car solliciter le pouvoir qui n'est qu'illusion et n'est jamais donné, et dans cette recherche supporter sans cesse de dures fatigues, c'est bien pousser avec effort sur la pente d'une montagne un rocher qui, à peine au sommet, retombe et va aussitôt rouler en bas dans la plaine.

(Traduction A. Ernout, CUF, Les Belles Lettres)

Prolongement

Louise Labé, *Élégies,* II

Regret de l'absence

D'un tel vouloir le serf point ne désire
La liberté, ou son port le navire,
Comme j'attends, hélas, de jour en jour
De toi, Ami, le gracieux retour.
Là j'avais mis le but de ma douleur,
Qui finirait, quand j'aurais ce bonheur
De te revoir ; mais de la longue attente,
Hélas, en vain mon désir se lamente.
Cruel, cruel, qui te faisait promettre
Ton brief retour en ta première lettre ?

As-tu si peu de mémoire de moi,
Que de m'avoir si tôt rompu la foi ?
Comment oses-tu ainsi abuser celle
Qui de tout temps t'a été si fidèle ?
Or'que tu es auprès de ce rivage
Du Pau cornu, peut-être ton courage
S'est embrasé d'une nouvelle flamme
En me changeant pour prendre une autre Dame [...]
Ores je crois, vu notre amour passée,
Qu'impossible est que tu m'aies laissée,
Et de nouvel ta foi je me fiance,
Et plus qu'humaine estime ta constance.
Tu es, peut-être, en chemin inconnu
Outre ton gré malade retenu.
Je crois que non : car tant suis coutumière
De faire aux Dieux pour ta santé prière
Que plus cruels que tigres ils seraient,
Quand maladie ils te porchasseraient.
Bien que ta folle et volage inconstance
Mériterait avoir quelque souffrance.
Telle est ma foi, qu'elle pourra suffire
À te garder d'avoir mal et martyre. [...]
Et si la mort avant ton arrivée
A de mon corps l'aimante âme privée
Au moins un jour viens, habillé de deuil,
Environner le tour de mon cercueil.
Que plût à Dieu que lors fussent trouvés
Ces quatre vers en blanc marbre engravéz :
PAR TOY, AMI, TANT VESQUI ENFLAMMÉE,
QU'EN LANGUISSANT PAR FEU SUIS CONSUMÉE,
QUI COUVE ENCORE SOUS MA CENDRE EMBRAZÉE,
SI NE LA RENS DE TES PLEURS APAIZÉE.

QUATRIÈME ÉLÉGIE
PRIAPE

⇨⇨⇨ Traduction p. 141-143

« Sic umbrosa tibi contingant tecta, Priape,
ne capiti soles, ne noceantque nives :
quae tua formosos cepit sollertia ? certe
non tibi barba nitet, non tibi culta coma est ;
nudus et hibernae producis frigora brumae,
nudus et aestivi tempora sicca Canis. »
Sic ego ; tum Bacchi respondit rustica proles
armatus curva sic mihi falce deus :
« O fuge te tenerae puerorum credere turbae ;
nam causam justi semper amoris habent.
Hic placet, angustis quod equum compescit habenis,
hic placidam niveo pectore pellit aquam,
hic, quia fortis adest audacia, cepit ; at illi
virgineus teneras stat pudor ante genas.
Sed ne te capiant, primo si forte negabit,
taedia ; paulatim sub juga colla dabit.
Longa dies homini docuit parere leones,
longa dies molli saxa peredit aqua ;
annus in apricis maturat collibus uvas,
annus agit certa lucida signa vice.
Nec jurare time : Veneris perjuria venti
inrita per terras et freta summa ferunt.
Gratia magna Jovi : vetuit Pater ipse valere,
jurasset cupide quidquid ineptus amor,
perque suas impune sinit Dictynna sagittas
adfirmes, crines perque Minerva suos.
At si tardus eris, errabis : transiet aetas.
Quam cito non segnis stat remeatque dies,

quam cito purpureos deperdit terra colores,
quam cito formosas populus alta comas !
Quam jacet, infirmae venere ubi fata senectae,
qui prior Eleo est carcere missus equus !
Vidi jam juvenem, premeret cum serior aetas,
maerentem stultos praeteriisse dies.
Crudeles divi ! serpens novus exuit annos ;
formae non ullam fata dedere moram.
Solis aeterna est Baccho Phoeboque juventas :
nam decet intonsus crinis utrumque deum.
Tu, puero, quodcumque tuo temptare libebit,
cedas : obsequio plurima vincet amor.
Neu comes ire neges, quamvis via longa paretur
et Canis arenti torreat arva siti.
Quamvis praetexens picta ferrugine caelum
venturam amiciat imbrifer arcus aquam.
Vel si caeruleas puppi volet ire per undas,
ipse levem remo per freta pelle ratem.
Nec te paeniteat duros subiisse labores
aut opera insuetas atteruisse manus,
nec, velit insidiis altas si claudere valles,
dum placeas, umeri retia ferre negent.
Si volet arma, levi temptabis ludere dextra,
saepe dabis nudum, vincat ut ille, latus.
Tunc tibi mitis erit, rapias tum cara licebit
oscula ; pugnabit, sed tamen apta dabit ;
rapta dabit primo, post afferet ipse roganti,
post etiam collo se implicuisse velit.
Heu ! male nunc artes miseras haec saecula tractant :
jam tener adsuevit munera velle puer.
At tu, qui venerem docuisti vendere primus,
quisquis es, infelix urgeat ossa lapis.
Pieridas, pueri, doctos et amate poetas,
aurea nec superent munera Pieridas :

carmine purpurea est Nisi coma ; carmina ni sint,
    ex umero Pelopis non nituisset ebur.
Quem referent Musae, vivet, dum robora tellus,
    dum caelum stellas, dum vehet amnis aquas.
At qui non audit Musas, qui vendit amorem,
    Idaeae currus ille sequatur Opis
et ter centenas erroribus expleat urbes
    et secet ad Phrygios vilia membra modos.
Blanditiis vult esse locum Venus ipsa ; querelis
    supplicibus, miseris fletibus illa favet. »
Haec mihi, quae canerem Titio, deus edidit ore ;
    sed Titium conjux haec meminisse vetat.
Pareat ille suae : vos me celebrate magistrum,
    quos male habet multa callidus arte puer.
Gloria cuique sua est : me, qui spernentur, amantes
    consultent ; cunctis janua nostra patet.
Tempus erit, cum me Veneris praecepta ferentem
    deducat juvenum sedula turba senem.
Heu ! heu ! quam Marathus lento me torquet amore !
    Deficiunt artes deficiuntque doli.
Parce, puer, quaeso, ne turpis fabula fiam,
    cum mea ridebunt vana magisteria.

CINQUIÈME ÉLÉGIE
L'INFIDÉLITÉ DE DÉLIE

Une brouille a tenu les deux amants éloignés l'un de l'autre, le temps pour le poète de s'apercevoir qu'il ne peut vivre sans Délie. Le thème de la rupture revient souvent, c'est inévitable, dans la poésie élégiaque : doit-on dire pour autant qu'il est ici conventionnel ? Rien ne le laisse supposer. La bonne société de l'époque jouissait d'une grande liberté et les amours duraient peu. L'élégie se trouve à sa place dans le recueil, entre la troisième où apparaissent les premiers nuages et la sixième où la rupture est irréversible : on peut la dater de 29 ou 28. Au milieu du roman délien s'intercale l'épisode de Marathus (4, 7 et 8) : est-ce la cause de la brouille ou une division cherchée par le poète pour oublier sa déception ?

I — Le rêve impossible

I, 5, vers 1-34 ⇨ ⇨ ⇨ traduction p. 143-144

Le poète avait présumé de ses forces : avec un peu de recul, quelques mois peut-être, il prend conscience de la place que tient Délie dans sa vie et dans ses rêves. Sans lui reprocher directement sa conduite, il lui rappelle le dévouement avec lequel il l'a soutenue quand elle était malade et, avant de s'abandonner au dépit ou à la jalousie, il imagine la vie heureuse qu'il aurait pu mener à ses côtés dans un cadre bucolique qui ne répondait sans doute pas aux vœux de la jeune femme. La soumission du poète, les prières qu'il adresse aux dieux pour que Délie soit heureuse témoignent de sa tendresse. Peut-il espérer encore convaincre Délie de revenir à lui ?

Asper eram et bene discidium[1] me ferre loquebar :
at mihi nunc longe gloria fortis abest.
Namque agor ut per plana citus sola verbere[2] turben

quem celer adsueta versat ab arte puer.
Ure ferum et torque[3], libeat ne dicere quicquam
magnificum post haec ; horrida verba doma.
Parce tamen, per[4] te furtivi foedera lecti,
per Venerem quaeso compositumque[5] caput.
Ille ego cum tristi morbo defessa jaceres
te dicor votis eripuisse meis,
ipseque te circum[6] lustravi sulpure puro,
carmine cum magico praecinuisset[7] anus ;
ipse procuravi[8] ne possent saeva nocere
somnia, ter sancta deveneranda mola[9] ;
ipse ego velatus filo[10] tunicisque solutis
vota novem Triviae nocte silente dedi.
Omnia persolvi[11] : fruitur nunc alter amore,
et precibus felix utitur ille meis.
At mihi felicem vitam, si salva fuisses,
fingebam demens, sed renuente[12] deo.
Rura colam[13], frugumque aderit mea Delia custos,
area[14] dum messes sole calente teret,
aut mihi servabit plenis in lintribus[15] uvas
pressaque veloci candida[16] musta pede.
Consuescet numerare pecus ; consuescet amantis
garrulus[17] in dominae ludere verna sinu.
Illa deo[18] sciet agricolae pro vitibus uvam,
pro segete spicas, pro grege ferre dapem.
Illa regat cunctos, illi sint omnia curae[19] :
at juvet in tota me nihil esse domo.
Huc veniet Messalla meus, cui dulcia poma
Delia selectis detrahat[20] arboribus :
et, tantum venerata[21] virum, hunc sedula curet,
huic paret[22] atque epulas ipsa ministra gerat.

N O T E S

1. *discidium, -ii,* n. : « séparation ; divorce » ; l'emploi de *loqui* + prop. infinitive est assez rare.
2. *verber, -eris,* n. : « coup » (de fouet), *cf. verberare* ; *turben, -inis,* m. : « toupie » ; *per plana sola* : « sur un terrain plat », le pluriel s'explique par la répétition du même geste ; *adsueta ... ab arte* : « grâce à une technique éprouvée », notez l'emploi de la préposition *ab.*
3. *ure ... et torque* : « brûle et torture » : ce sont les châtiments réservés aux esclaves en cas de faute grave, *ferum* précise le motif de la condamnation.
4. *per foedera lecti* : « par les promesses de notre union » ; *furtivus* s'oppose à *conjugalis* : « légitime », *cf.* la variante *furta,* vers 69, et *injusta lege,* vers 58 ; on intercale généralement dans la formule le nom de la personne (ou des dieux) que l'on implore : *per te deos precor* ; *quaeso,* fréquentatif de *quaero,* rend la question moins incisive (*te quaeso :* « je t'en prie »).
5. *compono, -is, -ere, -posui, -positum* : « placer près de ».
6. *te circum* : « autour de toi, en tournant autour de toi » ; *lustrare :* « purifier », le complément n'est pas précisé : on purifiait la chambre des malades (Délie souffre sans doute d'une attaque de malaria : forte fièvre, délire) avec du soufre, *sulp(h)ur, -uris,* n. ; *purus, -a, -um :* « consacré », le soufre était déjà utilisé à cet usage au temps d'Homère (*Odyssée,* XXII, vers 481). Aux fumigations, auxquelles le poète participe comme assistant, s'ajoutent les incantations.
7. *praecino, -is, -ere, -cinui, -centum* : « prononcer une incantation ». On peut hésiter sur le sens à donner au préverbe : ou l'incantation précède la purification, ou (et ce sens paraît meilleur malgré le plus-que-parfait) la vieille femme marche devant le poète ; le subjonctif peut marquer la répétition.
8. *procurare ne :* « faire un sacrifice pour détourner » (un malheur) ou « pour expier » (un prodige), mot de la langue religieuse ; les songes, le délire causé par la fièvre prenaient valeur de présage ; il faut prendre des mesures préventives pour éviter leur réalisation.
9. *mola, -ae* (*salsa* sous-entendu) : « farine (salée) » dont on aspergeait les victimes avant de les sacrifier : on moulait (*molo, -is, -ere, molui, molitum)* du blé torréfié ; la valeur purificatrice du feu et le pouvoir de conservation du sel se trouvaient ainsi associés ; *ter* : « trois fois », la divinité est en effet adorée sous ses trois aspects : Diane (Artémis), Séléné (la lune qui joue un rôle important dans les scènes de magie) et surtout Hécate (*Trivia)* : c'est pourquoi le poète prononce neuf vœux (vers 16).
10. *filus, -i,* m. : « ruban », en particulier celui qui ornait le

chapeau pointu, *apex,* que portait le pontife lors des sacrifices : c'est un signe de consécration qui matérialise la soumission du desservant au dieu (le même rôle est attribué aux bandelettes, *vittae,* qui entourent les victimes du sacrifice) ; *tunicis solutis* : « ayant défait la ceinture de nos vêtements », geste rituel pour que la présence divine puisse se manifester librement.

11. *omnia* (*vota) persolvi :* « je me suis acquitté de tous mes vœux » (par des sacrifices ou des offrandes), expression rituelle.

12. *renuente deo :* « contre la volonté du dieu », le verbe *nuo* (*cf. nutus, numen,* etc.) indique l'expression de la volonté divine ; on emploie dans une construction identique *invito* (*aliquo)* : « contre le gré de quelqu'un ».

13. *rura colam* : « je vivrai à la campagne » ou « je cultiverai mes champs » : quel sens vous paraît préférable ?

14. *area, -ae,* f. : « aire (à battre) », espace découvert où l'on battait le grain, notez que le nom est sujet du verbe ; *tero, -is, -ere, trivi, tritum :* « broyer ».

15. *linter, -tris,* f. : « bateau de bois ; auge » (où l'on foulait le raisin).

16. *candida musta :* « jus limpide », vin doux déjà filtré, par opposition à *pinguia musta* (*cf.* I, 1, vers 10) ; *candidus* (*cf. candeo,* etc.) exprime l'éclat plus que la couleur.

17. *garrulus, -a, -um :* « qui babille, gazouille », se dit du chant des oiseaux ; *verna, -ae,* m. : « esclave né à la maison » : jolie évocation de l'intimité qui pouvait se créer entre les maîtres et les esclaves.

18. *deo … agricolae* : « la divinité rustique », terme vague, au genre indifférencié : il s'agit en fait de Bacchus (*vitis*), de Cérès (*spica)* et de Palès (*grex).* Sur l'offrande des prémices, *cf.* I, 1, vers 15-20.

19. *illi sint omnia curae* : « qu'elle s'occupe de tout », l'expression est volontairement familière : les poètes ne font guère usage du double datif, tournure de la langue courante.

20. *detraho, -is, -ere, -traxi, -tractum :* « retirer de, cueillir sur », le complément à l'ablatif se tire de la valeur du préverbe *de.*

21. *venerari :* « traiter avec respect » ; *tantum virum :* « un si grand personnage ».

22. *parare* (*epulas)* : « préparer le repas » ; *minister, -tra :* « serviteur, servante », en particulier celui qui sert à table (*cf. ministrare*) : on voit que Délie, selon l'ancienne coutume, ne participe pas au repas qu'elle se contente d'apporter.

Questions

1. Comment analysez-vous le groupe *gloria fortis,* vers 2 : l'adjectif est-il accordé au nom ou au complément au génitif ? Justifiez le choix des adjectifs dans les trois premiers distiques.

2. À qui les impératifs des vers 5-8 s'adressent-ils ?

3. Étudiez la comparaison avec la toupie, vers 3-4.

4. Quelle est la valeur de l'asyndète, vers 17 ? Que révèle la reprise de *felix,* vers 18 et 19 ?

5. Expliquez l'emploi des temps et des modes, vers 21-30.

6. Comment la présence du poète se manifeste-t-elle pendant la maladie de Délie ? Étudiez de ce point de vue l'insistance des pronoms de 1re personne.

7. Que pensez-vous du portrait de Délie tel que l'imagine Tibulle dans son rôle de maîtresse de maison, vers 21-34 ? Appréciez le choix des noms, des adjectifs et des verbes d'action.

8. Précisez la place de la magie et de la religion dans le passage.

9. Étudiez les sentiments du poète à l'égard de Délie.

10. Scandez les vers 21-34 ; notez l'allongement (inhabituel) de la syllabe finale de *segete* devant le groupe *sp-,* vers 28 ; le maintien de l'hiatus et l'allongement de *-um* au temps fort, coupe penthémimère, vers 34.

Complément

Ovide, *Ars amatoria,* II, 315-336

La maladie de la femme aimée

Saaepe sub autumnum, cum formosissimus annus
    plenaque purpureo subrubet uva mero,
cum modo frigoribus premitur, modo solvitur aestu,

aere non certo corpora languor habet.
Illa quidem valeat, sed, si male firma cubabit
et vitium caeli senserit aegra sui,
tunc amor et pietas tua sit manifesta puellae.
Tum sere, quod plena postmodo falce metas.
Nec tibi morosi veniant fastidia morbi,
perque tuas fiant, quae sinet ipsa, manus,
et videat flentem nec taedeat oscula ferre
et sicco lacrimas conbibat ore tuas.
Multa voce, sec cuncta palam, quotiensque libebit,
quae referas illi, somnia laeta vide ;
et veniat, quae lustret anus lectumque locumque,
praeferat et tremula sulpur et ova manu :
omnibus his inerunt gratae vestigia curae ;
in tabulas multis haec via fecit iter.
Nec tamen officiis odium quaeratur ab aegra ;
sit suus in blanda sedulitate modus.
Neve cibo prohibe nec amari pocula suci
porrige ; rivalis misceat ille tuus. »

Souvent, aux approches de l'automne, lorsque l'année est dans sa plus belle période, et que le raisin gonflé d'un jus vermeil est presque rouge, lorsque nous éprouvons tour à tour un froid qui nous resserre ou une chaleur qui nous détend, cette inconstance de la température fatigue les corps. Puisse ton amie rester bien portante ! Mais si quelque indisposition la force à garder le lit, si, malade, elle ressent la maligne influence du ciel, qu'elle voie bien alors ton amour et ton dévouement ! Alors sème le grain que, plus tard, tu moissonneras à pleine faux. Ne te laisse point rebuter par les exigences de la maladie ; que tes mains lui rendent tous les services qu'elle autorisera ; qu'elle te voie pleurer ; qu'aucune répugnance ne te fasse repousser son baiser et que ses lèvres desséchées boivent tes larmes ! Fais beaucoup de vœux pour sa santé, mais toujours à haute voix, et, toutes les fois que cela pourra lui être agréable, aie des songes de bon augure à lui raconter. Fais venir, pour purifier le lit et la chambre, une vieille femme dont la main tremblante porte le soufre et les œufs. Toutes ces attentions lui laisseront le souvenir d'une sollicitude qui lui est douce. Bien des gens, par ces moyens, ont trouvé le chemin d'un testament. Toutefois, que tes bons offices n'aillent pas te rendre odieux à la malade ; ton tendre empressement doit avoir ses bornes. Ne la détourne pas de manger ; ne lui présente pas la coupe qui renferme un amer breuvage : laisse ton rival le préparer.

(Traduction H. Bornecque, CUF, Les Belles Lettres)

Prolongement

Pontus de Thyard, *Élégies,* II

Ouvre à l'amour !

[...] Hélas ! que le dépit loin de moi me transporte !
Ouvre à l'Amour, ingrate ! Ouvre à l'Amour la porte :
Souffre que le doux trait, qui nos cœurs a percé,
R'entame de nouveau le tien trop peu blessé,
Recherche en tes discours l'affection passée :
Resserre le doux nœud dont était enlacée
L'affection commune et à toi et à moi,
Et rejoignons ces mains qui jurèrent la foi :
La foi dans mon esprit tellement assurée,
Qu'elle ne sera point par la mort parjurée.
Mais si nouvel Amour t'embrase une autre ardeur,
Je supply, Contr'Amour, Contr'Amour vengeur !
Qu'avant que la douleur dedans mon cœur enclose
Me puisse transformer, et me faire autre chose
Que ce qu'ores je suis, soit que ma triste voix
Reste seule de moi errante par ce bois,
Ou soit qu'en peu de temps ma larmoyante peine
Me distille en un fleuve, ou m'écoule en fontaine,
Et pendant que je dis et aux Cerfs et aux Daims,
Seule en ce bois touffu, ingrate, tes dédains,
Tu puisses, d'un sujet indigne consumée,
Aimer languissamment, et n'être point aimée !

II — Amère désillusion

I, 5, vers 35-76 ⇨ ⇨ ⇨ traduction p. 144-145

Qu'y a-t-il de plus humiliant pour un amant que d'apprendre qu'un rival plus heureux a pris sa place ? Sans jamais accuser directement Délie, le poète cherche sur qui faire retomber sa colère : il s'en prend d'abord, avec une extrême violence, à la vieille femme, à moitié entremetteuse, à moitié sorcière, qui a présenté un nouvel ami à Délie et lance contre elle de terribles imprécations. Il incrimine aussi les mœurs de son époque, qui attachent beaucoup trop d'importance à l'argent. La meilleure preuve d'amour qu'il puisse donner malgré tout à Délie est l'assurance de son dévouement : sa fidélité est indéfectible.

Haec mihi fingebam, quae nunc Eurusque Notusque
jactat[1] odoratos vota per Armenios.
Saepe ego temptavi curas depellere vino :
at dolor in lacrimas verterat omne merum.
Saepe aliam tenui : sed jam cum gaudia adirem[2]
admonuit[3] dominae deseruitque Venus ;
tunc me discedens devotum[4] femina dixit,
et pudet et narrat scire nefanda meam[5].
Non facit hoc verbis, facie tenerisque lacertis
devovet et flavis nostra puella comis :
talis ad Haemonium[6] Nereis Pelea quondam
vecta est frenato[7] caerula pisce Thetis.
Haec nocuere mihi. Quod[8] adest huic dives amator,
venit in exitium callida lena meum.
Sanguineas edat illa dapes[9] atque ore cruento
tristia cum multo pocula felle bibat ;
hanc volitent animae[10] circum sua fata querentes
semper, et e tectis strix[11] violenta canat ;
ipsa fame stimulante furens herbasque sepulcris
quaerat et a saevis ossa relicta lupis,
currat et inguinibus[12] nudis ululetque per urbes,
post agat e triviis[13] aspera turba canum.
Eveniet[14] ; dat signa deus ; sunt numina amanti,
saevit et injusta lege[15] relicta Venus.
At tu quam primum sagae[16] praecepta rapacis
desere : nam donis vincitur omnis amor.
Pauper erit praesto semper, te pauper adibit
primus et in tenero fixus[17] erit latere ;
pauper in angusto fidus comes agmine turbae
subicietque[18] manus efficietque viam ;
pauper ad occultos furtim deducet amicos
vinclaque[19] de niveo detrahet ipse pede.
Heu ! canimus frustra nec verbis victa patescit
janua sed plena[20] est percutienda manu.

At tu, qui potior nunc es, mea furta timeto ;
versatur[21] celeri Fors levis orbe rotae.
Non frustra quidam jam nunc in limine perstat
sedulus ac crebro prospicit ac refugit
et simulat transire domum, mox deinde recurrit
solus et ante ipsas exscreat[22] usque fores.
Nescio quid furtivus amor parat. Utere[23] quaeso,
dum licet : in liquida nam tibi linter[24] aqua.

NOTES

1. *jactare,* fréquentatif de *jacio, -ere :* « jeter partout, répandre », l'expression était proverbiale ; *odoratos Armenios* apporte une touche d'exotisme, éloigne la déception du poète et adoucit sa peine ; l'Eurus (vent du sud-est) et le Notus (vent du sud) étaient connus pour leur violence : peu susceptibles de conduire les paroles du poète en Arménie, ils les rendent immatérielles.

2. *cum gaudia adirem :* « malgré mon plaisir », le pluriel marque la répétition.

3. *admoneo, -es, -ere, -monui, -monitum* + génitif (*me* sous-entendu) : « rappeler » (quelque chose à quelqu'un), l'effacement du pronom de 1re personne est significatif.

4. *devotus, -a, -um :* « envoûté, ensorcelé » ; *cf. devovet,* vers 44 ; pour ces pratiques, on pourra se reporter à Tibulle, I, 8, vers 17-22.

5. *meam = dominam* ou *puellam* (sujet de la proposition infinitive) ; *nefanda :* « des choses indicibles » (*cf. infandum),* l'expression a subi l'influence de *nefas* et *nefarius,* distincts à l'origine.

6. *Haemonius,* épithète géographique, l'Hémonie est l'ancien nom de la Thessalie (*cf.* ci-dessous le récit d'Ovide, *Mét.,* 229-265) ; Thétis est une des filles de Nérée et de Doris, elles étaient cinquante, selon d'autres cent (les mythographes nous donnent leur nom !) ; Nérée, le Vieillard de la Mer, était fils de Pontos (la Mer) et de Gaia (la Terre) ; comme la plupart des divinités marines, il possédait le pouvoir de se changer en toutes sortes d'animaux. Pour la scansion, il faut compter la seconde syllabe de *Nereis* longue malgré l'hiatus.

7. *frenato ... pisce* : « sur le poisson attelé » (ablatif de moyen), c'est généralement un dauphin ; *veho, -is, -ere, vexi, vectum* : « transporter » et au passif « circuler, voyager » ; *caerulus, -a, -um* : « bleu », couleur de la mer ou du ciel, à cause des yeux de la déesse à ce qu'on dit mais l'épithète concerne globalement l'apparition de la déesse qui se fond dans la mer. On peut se souvenir aussi du distique d'Apollinaire (*Rhénanes*) : Pour avoir vu dans l'eau la belle Loreley / Ses yeux couleur du Rhin ses cheveux de soleil.

8. *quod adest huic* : « quant au fait qu'il y a près d'elle », la relative est détachée de l'énoncé principal, expression de la désinvolture (feinte !) du poète ; notez la rupture de construction, aucun lien logique n'unissant les deux propositions ; *in exitium meum* : « pour ma perte ».

9. *dapes, dapum,* f. pl. : « repas rituel » après le sacrifice : on consommait la viande des victimes ; *cum multo ... felle* : « avec beaucoup de fiel », la bile passait pour développer la folie ; *tristia ... pocula* : « des coupes amères » tant à cause du fiel qu'elles contiennent que des effets du breuvage.

10. *animae* : « les âmes » des morts, *anima* représente le peu de vie qui subsiste en eux ; c'est souvent l'équivalent de *umbrae* chez Virgile, par ex. *felices animae* autour de Musée (VI, 669) ou encore, entourant Anchise : *At pater Anchises penitus convalle virenti / inclusas primas superumque ad lumen ituras / lustrabat...*

11. *strix, strigis,* f. : « strige » ; les striges étaient des démons féminins ailés, qui avaient des serres comme les oiseaux de proie et se repaissaient du sang et des entrailles des enfants ; on expliquait leur nom par le cri strident, *stridor,* qu'elles faisaient entendre (*cf.* p. 90). Trimalchion raconte une histoire de striges à laquelle ses convives semblent croire (*Satyricon,* 134) ; on peut songer aussi aux sorcières qui apparaissent à l'acte IV de *Macbeth* ; *violenta* s'analyse comme un nominatif féminin, épithète de *strix*, ou comme un accusatif neutre pluriel semi-adverbial complément de *canat :* l'adjectif s'applique en tout cas au cri (*cf.* ci-dessus I, 3, vers 72).

12. *inguen, -inis,* n. : « aine, bas-ventre ».

13. *e triviis canes* : « les chiens des carrefours », autrement dit ceux qu'entraîne Hécate dans son sillage (pour l'expression, *cf.* III, 12) ; Tibulle ne connaît que l'emploi adverbial de *post,* à valeur temporelle ou locale comme ici. La violence de l'évocation fait penser à Lautréamont dans les *Chants de Maldoror.*

14. *eveniet :* « (la prophétie) se réalisera », expression consacrée ; *signa* : « des signes », par exemple l'éclat de la flamme (*cf.* Virgile, *Buc.* VIII et le texte cité de Théocrite, page 50).

15. *injusta lege* : « la convention n'ayant pas été respectée », *lex* désigne (comme *foedus,* apparenté à *fides, fidus*) la convention qui lie les amants l'un à l'autre.

16. *saga, -ae,* f. : « sorcière, magicienne ».

17. *figo, -is, -ere, fixi, fixum*, ici au futur antérieur, voix passive : « attacher, accrocher », la préposition *in* traduit l'empressement de l'amant attentionné ; on peut hésiter sur le sens à donner à l'adjectif *tener* : non « tendrement attaché à ton côté » (trad. Ponchont), mais « délicat, faible » (J. André), qui précise : « il entrait dans le rôle de l'amoureux de protéger sa maîtresse de la foule ».

18. *subicio, -is, -ere, -jeci, -jectum* : « mettre sous », d'où *s. manus* : « prendre par la main ; prêter son bras à ».

19. *vincla, -orum :* ici « attaches, lanières des sandales » qu'on retirait pour se mettre à table.

20. *plena ... manu :* « les mains pleines ».

21. *versari :* « tourner » (médio-passif) (*cf.* à la voix active *versare*, au vers 4) ; l'image de la roue de la Fortune et ses représentations sur les monnaies semble relativement récente à l'époque ; on connaît le succès qu'elle a connu à la Renaissance et depuis lors.

22. *exscreare :* « cracher », c'était une manière d'attirer l'attention sur soi (dans les scènes de comédie).

23. *utere,* le complément de l'impératif est à tirer du contexte : *amore* (J. André) ou plutôt *aetate* suggéré par la temporelle *dum licet ; quaeso* est en incise.

24. *linter, -tri,* m. : « bateau de bois, embarcation légère » ; à *nam,* donné par les manuscrits, certains éditeurs préfèrent *nat,* qui figure dans d'autres citations, mais les proverbes se présentent souvent sous la forme d'une phrase nominale ; la place de *nam*, après le groupe *in liquida*, ne surprend pas en poésie.

Questions

1. Que représente le pronom *haec*, vers 47 ? Analysez la construction du distique, appréciez l'ordre des mots.

2. Justifiez l'asyndète, vers 43. Expliquez les emplois de *in* + accusatif.

3. Relevez les verbes au parfait de l'indicatif ; expliquez le choix de ce temps, en opposition avec le présent ou l'imparfait.

4. Expliquez *mea furta,* vers 69 ; justifiez le comparatif *potior*, vers 69. Commentez l'expression *injusta lege,* vers 58.

5. Expliquez la comparaison introduite par *talis,* vers 45.

6. Appréciez la scène décrite vers 71-74 ; précisez la valeur des préverbes.

7. Quelle est la supériorité de l'amant pauvre sur le riche ?

8. Quel sens donnez-vous à l'expression qui termine l'élégie ?

9. Le poète lance contre l'entremetteuse, qu'il rend responsable de ses malheurs, de terribles malédictions, vers 49-56 : tentez de distinguer les différentes superstitions qu'elles impliquent ; relevez dans cet esprit les adverbes, justifiez le choix et la place des adjectifs.

10. Scandez les vers 47-58 : dans quelle mesure la versification reflète-t-elle la violence des propos ?

Compléments

1. Ovide, *Métamorphoses,* XI, vers 229-246 ; 257-265

Le mariage de Thétis et Pélée

Est sinus Haemoniae curvus falcatus in arcus ;
bracchia procurrunt, ubi, si foret altior unda,
portus erat : summis inductum est aequor arenis ;
litus habet solidum, quod nec vestigia servet
nec remoretur iter nec opertum pendeat alga ;
myrtea silva subest, bicoloribus obsita bacis.
Est specus in medio, natura factus an arte,
ambiguum, magis arte tamen, quo saepe venire
frenato delphine sedent, Theti, nuda solebas.
Illic te Peleus, ut somno vincta jacebas,
occupat et, quoniam precibus temptata repugnas,
vim parat, innectens ambobus colla lacertis ;
quod nisi venisses, variatis saepe figuris,
ad solitas artes, auso foret ille potitus.
Sed modo tu volucris volucrem tamen ille tenebat ;
nunc gravis arbor eras ; haerebat in arbore Peleus.
Tertia forma fuit maculosae tigridis ; illa
territus Aeacides a corpore bracchia solvit [...]

Pronus erat Titan, inclinatoque tenebat
Hesperium temone fretum, cum pulchra relicto
Nereis ingreditur consueta cubilia ponto.
Vix bene virgineos Peleus invaserat artus ;
illa novat formas, donec sua membra teneri
sentit et in partes diversas bracchia tendi ;
tum demum ingemuit ; « Neque » ait, « sine numine vincis »
exhibita estque Thetis ; confessam amplectitur heros
et potitur votis ingentique implet Achille.

Il est en Hémonie un golfe qui étend au loin ses bras courbés comme une faucille ; si l'eau y était plus profonde, on en eût fait un port ; mais c'est à peine si la mer y baigne la surface des sables ; le rivage en est assez ferme pour ne point garder la trace des pas ni retarder la marche ; il n'est jamais couvert d'algues flottantes ; près de là est un bois de myrtes chargé de baies de deux couleurs. Au milieu s'ouvre une grotte ; est-elle l'ouvrage de la nature ou bien de l'art ? on ne sait ; pourtant elle est plutôt celui de l'art ; souvent, Thétis, tu y venais nue, portée sur un dauphin qui obéissait à ton frein. Un jour que, cédant au sommeil, tu t'y étais couchée, Pélée te surprend et, comme tu résistes à ses ardentes prières, il s'apprête à te faire violence, ses deux bras noués autour de ton cou ; si tu n'avais pas eu recours à tes artifices ordinaires en changeant plusieurs fois de figures, il serait venu à bout de son audacieux dessein. Étais-tu un oiseau ? Pélée n'en retenait pas moins l'oiseau prisonnier ; un arbre pesant ? il enfermait l'arbre dans son étreinte. La troisième forme que tu pris fut celle d'une tigresse à la peau rayée ; épouvanté cette fois, le fils d'Éaque détacha ses bras de ton corps… [Protée conseille alors à Pélée d'enfermer Thétis dans une sorte de filet ; le Titan désigne le soleil.] Le Titan penché en avant venait de faire toucher la mer d'Hespérie à son timon incliné, quand la belle Néréide, ayant quitté la mer, pénétra dans l'asile où l'attendait sa couche accoutumée. Pélée n'a pas encore étreint complètement son corps virginal que déjà elle passe d'une métamorphose à une autre ; à la fin elle s'aperçoit que ses membres sont entourés de liens, ses bras tendus en sens contraires ; alors elle gémit : « Ce ne peut être, dit-elle, que par la volonté des dieux que tu triomphes. » Et elle redevint Thétis ; entendant cet aveu, le héros l'entoure de ses bras, il prend possession de celle qu'il aime et la rend mère du grand Achille.

(Traduction G. Lafaye, CUF, Les Belles Lettres)

2. Ovide, *Fastes,* VI, vers 131-140

La stryge

Sunt avidae volucres, non quae Phrineia mensis
  gutttura fraudabant, sed genus inde trahunt :
grande caput, stantes oculi, rostra apta rapinis,
  canities pennis, unguibus hamus inest.
Nocte volant puerosque petunt nutricis egentes
  et vitiant cunis corpora rapta suis.
Carpere dicuntur lactentia viscera rostris
  et plenum poto sanguine guttur habent.
Est illis strigibus nomen, sed nominis hujus
  causa, quod horrenda stridere nocte solent.

Il y a des oiseaux voraces ; sans s'identifier à ceux qui empêchaient Phrinée de goûter aux mets [c'était un roi de Thrace contre qui Zeus avait envoyé les Harpyes pour le punir de quelque crime], ils tirent d'eux leur origine ; ils ont une tête immense, des yeux fixes, un bec fait pour saisir les proies, des ailes blanchâtres, des serres crochues. Ils volent de nuit, s'attaquent aux enfants en l'absence des nourrices et souillent les petits corps qu'ils arrachent du berceau. Ils déchirent, dit-on, de leur bec les entrailles des nourrissons et ont le gosier barbouillé du sang qu'ils ont sucé. Ils portent le nom de striges, mais ce nom provient des cris stridents qu'ils ont l'habitude de pousser pendant les nuits redoutables.

(Traduction R. Schilling, CUF, Les Belles Lettres)

3. Horace, *Épodes,* 5, vers 11-40 ; 83-102

Canidie

La sorcière mise en scène par Horace, avec ses deux complices Sagana et Véia, a volé un enfant et s'apprête à utiliser son corps pour des pratiques magiques. L'épode se termine par les imprécations du jeune garçon :

« [...] Ut haec trementi questus ore constitit
    insignibus raptis puer,
inpube corpus, quale posset impia
    mollire Thracum pectora,
Canidia, brevibus implicata viperis
    crines et incomptum caput,
jubet sepulcris caprificos erutas,
    jubet cupressos funebres

et uncta turpis ova ranae sanguine
plumamque nocturnae strigis
herbasque, quas Iolcos atque Hiberia
mittit venenorum ferax,
et ossa ab ore rapta jejunae canis
flammis aduri Colchidis.
At expedita Sagana, per totam domum
spargens Avernalis aquas,
horret capillis ut marinus asperis
echinus aut currens aper.
Abacta nulla Veia conscientia
ligonibus duris humum
exhauriebat, ingemens laboribus,
quo posset infossus puer
longo die bis terque mutatae dapis
inemori spectaculo,
cum promineret ore, quantum extant aqua
suspensa mento corpora,
exsecta uti medulla et aridum jecur
amoris esse poculum,
interminato cum semel fixae cibo
intabuissent pupulae. [...]
Sub haec puer jam non, ut ante, mollibus
lenire verbis impias,
sed dubius unde rumperet silentium,
misit Thyesteas preces :
« Venena magnum fas nefasque non valent
convertere, humanam vicem.
Diris agam vos : dira detestatio
nulla expiatur victima.
Quin, ubi perire jussus expiravero,
nocturnus occurram furor,
petamque vultus umbra curvis unguibus,
quae vis deorum est manium,
et inquietis assidens praecordiis
pavore somnos auferam.
Vos turba vicatim hinc et hinc saxis petens
contundet obscenas anus ;
post insepulta membra different lupi
et Esquilinae alites,
neque hoc parentes, heu mihi superstites,
effugerit spectaculum. »

Lorsque, ayant d'une bouche tremblante exhalé ces plaintes, l'enfant fut là, immobile, dépouillé de ses insignes, corps impubère et tel qu'il eût pu attendrir le cœur impie des Thraces, Canidie, les cheveux entrelacés de courtes vipères sur sa tête décoiffée, ordonne que des figuiers sauvages arrachés des tombeaux, ordonne que des cyprès funèbres, et, trempés dans le sang du crapaud hideux, les œufs et la plume du hibou nocturne, que des herbes venues d'Iolcos et de l'Hibérie, féconde en poisons, et des os dérobés à la gueule d'une chienne à jeun soient brûlés sur des flammes de Colchide. Mais voici, retroussée, Sagana qui va par toute la maison répandant les eaux de l'Averne, les cheveux dressés comme se hérisse un hérisson de mer ou un sanglier courant. Sans qu'aucun remords l'arrêtât, Véia, d'un dur hoyau, creusait le sol en haletant sous l'effort, pour que l'enfant, enseveli là, pût mourir au spectacle d'une nourriture changée deux ou trois fois au cours d'une longue journée, émergeant du visage comme le nageur suspendu sur l'eau ne la dépasse que du menton : ainsi, en prélevant sa moelle et son foie desséchés, on en composerait un breuvage d'amour, quand une fois ses prunelles attachées sur ces mets interdits se seraient éteintes. [...] Là dessus, l'enfant ne chercha plus comme auparavant à attendrir ces impies par de douces paroles, mais, balançant par quel mot il romprait le silence, il éclata enfin en imprécations dignes de Thyeste : « Les poisons n'ont pas le pouvoir de changer ce que prescrit, ce qu'interdit la grande loi des dieux, qui règle le retour des choses humaines. Ma malédiction vous poursuivra ; une malédiction solennelle, nulle victime ne l'expie. C'est peu : lorsque, mourant par votre ordre, j'aurai rendu le souffle, je courrai vers vous, nocturne furie ; ombre, j'attaquerai vos visages de mes ongles crochus, — tel est le pouvoir des dieux mânes —, et, pesant sur vos poitrines angoissées, j'en chasserai le sommeil par l'épouvante. De rue en rue, la foule, vous visant d'ici et de là, écrasera sous les pierres votre vieillesse hideuse ; puis les loups et les oiseaux de l'Esquilin disperseront vos membres sans sépulture ; et ce spectacle, mes parents, qui, hélas ! me survivront, n'en seront point privés. »

(Traduction F. Villeneuve, CUF, Les Belles Lettres)

Prolongements

1. Callimaque, *Épigrammes*

La vocation du poète

*Pièce écrite en distiques élégiaques et retrouvée sur un papyrus, en partie mutilée. Les Telchines sont les détracteurs du poète. L'île « aux trois pointes » (*Trinacria *chez Virgile) est la Sicile.*

Sans cesse vont bourdonnant contre moi les Telchines, gens qui ignorant de la Muse, ne sont point nés ses amis. Et moi aux Telchines je dis ceci : « Allez à la male heure, funestes enfants de Mauvaise Envie ; jugez ma science poétique à la mesure de l'Art, non de l'arpent persique, et ne cherchez point chez moi quelque poème retentissant ; le tonnerre n'est pas mien, il est à Zeus. » Aussi bien, quand pour la première fois je posai sur mes genoux la tablette de cire, mon Apollon me dit, Apollon lycien : « L'encens, ô poète, mon ami, il me le faut offrir bien lourd, mais la Muse, légère. Et c'est mon ordre aussi que tu suives la voie que ne foulent point les chars, et que tu ne mènes le tien sur les traces des autres, ni sur la route large ; non, prends ton chemin à toi, pour étroit qu'il puisse être. » J'obéis ; car je chante pour ceux à qui plaît le chant aigu de la cigale, non le fracas des ânes. Qu'un autre aille braire, tout comme l'animal bien pourvu d'oreilles ; moi, que je sois l'être gracile, l'être ailé. Et la vieillesse, ah ! puissé-je, quand je chante, puisant au divin éther le mets des gouttes de rosée, puissé-je en secouer le manteau, aussi lourd sur moi que l'île aux trois pointes sur le funeste Encelade ! Ce sera justice ; les Muses, ceux qu'elles n'ont point regardés, enfants, d'un œil oblique, elles ne les laissent pas de côté, quand leurs cheveux sont blancs.

2. Alfred de Musset, *Poésies nouvelles, Nuit d'octobre*

« Plains-la, tu sais aimer ! »

[…] De quoi te plains-tu donc ? L'immortelle espérance
S'est retrempée en toi sous la main du malheur.
Pourquoi veux-tu haïr ta jeune expérience,
Et détester un mal qui t'a rendu meilleur ?
Ô mon enfant ! plains-la, cette belle infidèle,
Qui fit couler jadis les larmes de tes yeux ;
Plains-la ! c'est une femme, et Dieu t'a fait, près d'elle,
Deviner, en souffrant, le secret des heureux.
Sa tâche fut pénible ; elle t'aimait peut-être ;
Mais le destin voulait qu'elle brisât ton cœur.
Elle savait la vie, et te l'a fait connaître ;
Une autre a recueilli le fruit de ta douleur.
Plains-la ! son triste amour a passé comme un songe ;
Elle a vu ta blessure et n'a pu la fermer.
Dans ses larmes, crois-moi, tout n'était pas mensonge,
Quand tout l'aurait été, plains-la ! tu sais aimer.

Sixième élégie
Rupture

Le roman d'amour avec Délie se termine : le poète a de bonnes raisons pour supposer qu'on lui préfère un rival, dont il ne cherche d'ailleurs pas à révéler l'identité, *nescio quis* (il serait invraisemblable qu'il l'ignore) : il lui faut céder la place. Tibulle a pris assez de recul pour juger objectivement les raisons de cette rupture ; même s'il ne se résigne pas facilement, il est prêt à accepter l'inévitable. Le ton de l'élégie est relativement apaisé, on peut la dater de 28. On croit savoir par Ovide que Délie était présente aux obsèques du poète, moins de dix ans plus tard (*cf.* p. 64).

I — L'infidélité de Délie

I, 6, vers 1-42 ⇨ ⇨ ⇨ traduction p. 145-146

Pris au piège de l'Amour, le poète reconnaît avoir initié Délie dans l'art de la tromperie. La seule faute de la jeune femme serait de s'être montrée trop docile aux leçons qu'il lui a données ! Mais le piège risque de se refermer sur le « mari » de Délie (qui n'est peut-être que son amant en titre). Pris d'une sorte de remords, entraîné par un mouvement de solidarité masculine, il conseille alors à celui qu'il a trompé effrontément de mieux surveiller sa jeune femme volage.

Semper, ut inducar[1], blandos offers mihi vultus,
 post tamen es misero tristis et asper, Amor.
Quid tibi saevitiae mecum est ? an gloria magna est
 insidias homini composuisse deum ?
Nam mihi tenduntur casses[2] : jam Delia furtim
 nescio quem tacita[3] callida nocte fovet.
Illa quidem jurata[4] negat, sed credere durum est :
 sic etiam de me pernegat usque viro.

Ipse miser docui, quo[5] posset ludere pacto
custodes : heu ! heu ! nunc premor arte mea.
Fingere tunc didicit causas ut sola cubaret,
Cardine[6] tunc tacito vertere posse fores ;
tunc sucos herbasque dedi quis[7] livor abiret
quem facit impresso mutua[8] dente venus.
At tu, fallacis conjux incaute puellae,
me quoque servato[9], peccet ut illa nihil ;
neu juvenes celebret multo sermone caveto,
neve cubet laxo pectus aperta[10] sinu,
neu te decipiat nutu, digitoque liquorem
ne trahat et mensae ducat in orbe[11] notas.
Exibit quam saepe[12], time, seu visere dicet
sacra Bonae maribus[13] non adeunda Deae.
At mihi, si credas, illam sequar unus ad aras ;
tunc mihi non oculis sit timuisse[14] meis.
Saepe, velut[15] gemmas ejus signumque probarem,
per causam memini me tetigisse manum ;
saepe mero somnum peperi[16] tibi, at ipse bibebam
sobria[17] supposita pocula victor aqua.
Non ego te laesi prudens[18] : ignosce fatenti ;
jussit Amor : contra[19] quis ferat arma deos ?
Ille ego sum, nec me jam dicere vera pudebit,
instabat[20] tota cui tua nocte canis.
Quid tenera tibi conjuge opus ? Tua si bona nescis
servare, frustra[21] clavis inest foribus.
Te tenet[22], absentes alios suspirat amores
et simulat subito condoluisse caput.
At mihi servandam credas : non saeva recuso
verbera, detrecto[23] non ego vincla pedum ;
tum procul absitis, quisquis colit[24] arte capillos,
et fluit[25] effuso cui toga laxa sinu ;
quisquis et occurret, ne possit crimen habere,
stet procul aut alia...[26] ante via.

NOTES

1. *induco, -is, -ere, -duxi, -ductum :* « induire (en erreur), tromper, abuser ».
2. *casses, -ium,* m. pl. : « rets, filets de chasse ».
3. *tacita ... nocte :* « dans le silence de la nuit ».
4. *jurata :* « sous serment », le verbe *juro, -are* connaissait dans l'ancienne langue des emplois déponents, d'où la valeur active du participe passé ; les manuscrits donnent la leçon *tam multa* (*cf.* question 3).
5. *quo ... pacto* : « de quelle manière », expression usuelle.
6. *cardo, -inis,* m. : « pivot » (*cf.* I, 2, v. 10 et n. 8).
7. *quis = quibus* (c'est la forme ancienne du datif-ablatif pluriel du pronom relatif, *cf. eis, his,* etc.).
8. *mutua ... venus* : « un amour partagé, réciproque », la métonymie se rencontre ailleurs ; *imprimere dentem :* « appuyer les dents, mordiller », d'où *impresso ... dente* : « par un suçon ».
9. *(me) servato* : « veille à mes intérêts », *quoque* crée une plaisante connivence entre les deux hommes ; impératif « futur », *cf. caveto* : la particule *-to* ajoutée à la 2e personne (ou parfois la 3e) donne du poids à la prescription et parodie les formules juridiques (*cf. esto ; sunto).*
10. *pectus aperta* : « la poitrine découverte, nue » (*pectus* est le complément à l'accusatif d'un participe passé passif, tour aimé des poètes) ; *laxo ... sinu* est un ablatif de moyen : « à cause de son vêtement mal ajusté ».
11. *orbis, -is,* m. : « cercle, plateau de la table » basse que l'on plaçait devant les convives pendant le dîner ; *trahere liquorem :* « étaler un liquide », sans doute du vin, de façon à dessiner des lettres ou un signal convenu.
12. *quam saepe exibit :* « chaque fois qu'elle sortira », l'expression complète serait *time tam saepe quam saepe exibit ; seu dicet :* « ou si elle dit », malgré la différence de construction, les deux expressions sont sur le même plan : « qu'elle sorte ou qu'elle dise ».
13. *mas, maris,* m. : « être masculin, mâle ». Le culte de la Bonne déesse était assuré par les Vestales et toute présence masculine était rigoureusement exclue (sur le scandale provoqué par Clodius, *cf.* ci-dessous Complément 1.). Ce culte, en relation avec plusieurs divinités d'Asie Mineure, avait été introduit à Rome après la prise de Tarente en 272.
14. *timuisse,* infinitif sujet de *sit* (avec valeur conditionnelle) : *mihi non sit timuisse* : « je n'aurais pas lieu d'avoir peur », étant bien entendu que la jeune femme ne se rendait pas au temple, généralement *sit* est accompagné d'un adjectif attribut : *sit longum,* etc. ; *oculis,* au datif : « pour mes yeux », la cécité était la punition des curieux qui commettaient un

sacrilège : le devin Tirésias était devenu aveugle pour avoir vu Athéna au bain (Callimaque, *Hymnes*, V, 78-99).

15. *velut ... probarem = velut si ; signum, -i,* n. : « sceau » qui servait à cacheter les lettres (le mot français vient du diminutif *sigillum)* ; *per causam (probandi)* : « sous prétexte (d'admirer) ».

16. *pario, -is, -ere, peperi, partum :* « faire naître, procurer », on emploie plutôt dans ce sens *parare.*

17. *sobria ... pocula* : « des coupes qui n'enivrent pas », *supposita ... aqua* est à l'ablatif absolu (*subponere* : « verser discrètement »).

18. *prudens* : « en prévoyant » (les conséquences de mes actes), la négation porte sur l'ensemble de la phrase ; *non ego te laesi prudens* : « je ne t'ai pas fait de tort intentionnellement ».

19. *contra ... deos :* « qui armerait son bras contre les dieux ? », le persiflage est patent.

20. *instare* + dat. : « s'acharner contre », terme militaire ; *tua canis* : « ta chienne ».

21. *frustra clavis inest foribus :* « il ne te servira à rien d'avoir une clé sur ta porte », expression proverbiale.

22. *te tenet* : « elle se trouve dans tes bras » ; *suspirare* + acc. : « soupirer après quelqu'un, souhaiter sa présence », *amores,* au pluriel, indique la personne aimée ; le verbe *simulare* est ici construit avec une proposition infin., sujet *caput ; condolesco, -is, -ere, -dolui* : « ressentir de la douleur » ; *simulat condoluisse caput* : « elle fait semblant d'avoir la migraine », excuse fréquemment invoquée.

23. *detrectare :* « refuser », notez la place de la négation après le verbe et devant le pronom de 1re pers. ; *verbera, -um,* n. pl. : « coups » et *vincla* (*pedum*) : les étrivières, groupe allitérant faisant allusion au châtiment des esclaves négligents ; le poète veut dire qu'il ne risque pas d'être pris en faute tellement il prendra à cœur sa fonction de gardien.

24. *colo, -is, -ere, colui, cultum* : « soigner, coiffer » ; Tibulle fait la caricature de la coquetterie, I, 8, v. 9-14.

25. *et fluit cui* : « tous ceux dont (la toge) flotte » : le relatif indéfini *quisquis* est remplacé dans la seconde relative par le relatif simple à un cas différent (*quisquis* ne s'emploie qu'au nominatif et à l'ablatif) ; *effuso sinu :* « en formant un ample drapé », la toge était faite d'un carré de laine de deux mètres de côté ; les dandys se drapaient dans des toges plus larges, qui pouvaient atteindre parfois 2,70 m (Horace, *Épodes,* 4, v. 7).

26. Il paraît difficile de conserver le texte des manuscrits : *stet procul ante alia, stet procul ante via* (certains éditeurs le font) ; on pourrait remplacer le second *stet procul* par un verbe comme *transeat :* « qu'il se tienne à une bonne distance ou qu'il passe par un autre chemin » : le sens en tous les cas est clair.

Questions

1. Analysez la fonction de *misero,* vers 2, et de *deum,* vers 4. Expliquez l'expression *quid tibi saevitiae mecum est ?,* vers 3. Quelle est la fonction de l'infinitif *composuisse* ?

2. Relevez et justifiez les formes verbales au passif.

3. *jurata,* vers 7, est une conjecture moderne, les manuscrits présentent la leçon *tam multa.* La correction vous paraît-elle souhaitable ?

4. Étudiez les emplois et les constructions de *credo.*

5. Appréciez l'argumentation du poète, vers 29-30.

6. Étudiez le vocabulaire de la tromperie. — Ovide, exilé à Tomes, cite Tibulle pour prouver l'injustice de sa condamnation :

Tibullus juranti durum putat esse Tibullus,
sic etiam de se quod neget illa viro.
Fallere custodes idem docuisse fatetur
seque sua miserum nunc ait arte premi.
Saepe velut gemmam dominae signumve probaret,
per causam meminit se tetigisse manum.
Utque refert, digitis saepe est nutuque locutus
et tacitam mensae duxit in orbe notam,
et quibus e sucis abeat de corpore livor
impresso fieri qui solet ore docet.
Denique ab incauto nimium petit ille marito
se quoque uti servet, peccet ut illa minus.
Scit cui latretur, cum solus obambulet ipse
cui totiens clausas excreet ante fores,
multaque dat furti talis praecepta docetque
qua nuptae possent fallere ab arte viros ;
non fuit hoc illi fraudi legiturque Tibullus
et placet et jam te principe notus erat.

(Ovides, *Tristes,* II, vers 447-462)

Tibulle pense qu'il est difficile de croire aux serments de celle qui fait à son propos les mêmes protestations à son mari. Il avoue aussi lui avoir appris à tromper ses gardiens et se déclare la malheureuse victime de ses propres leçons. Souvent, sous prétexte d'admirer la pierre ou le cachet de sa maîtresse, il se souvient de lui avoir touché la main. Souvent, à ce qu'il rapporte, il parlait avec les doigts, avec un mouvement de tête, il traçait des signes muets sur la table ronde. Il indique quels sucs effacent du corps les marques livides laissées par l'empreinte des lèvres. Enfin il demande au mari trop imprudent de le défendre pour qu'elle soit moins infidèle. Il sait pour qui sont les aboiements quand il rôde tout seul, pour qui il crache tant de fois devant la porte close. Il donne cent leçons de telles ruses et enseigne aux femmes l'art de tromper leurs maris. Il n'eut pas à en souffrir ; on lit Tibulle, il plaît et il était déjà connu quand tu accédas à l'empire.

(Traduction J. André, CUF, Les Belles Lettres)

Comparez textuellement, pour la forme comme pour l'intention, cette « citation » au texte original.

7. Sur quel ton le poète s'adresse-t-il à son rival, vers 15-23 et 33-38 ?

8. Quels sont les torts de Délie à l'égard du poète ?

9. Dans ce bilan, le poète reconnaît également ses torts : quels sont-ils ? Comparez ses aveux à ceux de la deuxième élégie : le ton est-il le même ?

10. Scandez les vers 31-40 ; notez l'allongement de la syllabe finale de *servare* devant *frustra.* Interprétez l'ordre des mots, vers 31-32.

Compléments

1. Cicéron, *Pro domo sua,* 105

Le scandale de Clodius

Il était interdit aux hommes d'assister aux cérémonies en l'honneur de la Grande déesse ; malgré l'interdiction, Clodius, l'ennemi politique et personnel de Cicéron, avait pénétré déguisé en femme dans la maison de César, grand pontife, avec la complicité de Pompéia, la femme de César dont il était amoureux. Jugé par le collège des pontifes, Clodius fut acquitté par 31 voix contre 25 grâce à l'intervention de César ; les faits dataient de 62 ; Cicéron les rappelle dans le discours prononcé à son retour d'exil.

Aspicite, pontifices, hominem religiosum et, si vobis videtur, quod est bonorum pontificum, monete eum modum quemdam esse religionis, nimium esse superstitiosum non oportere. Quid tibi necesse fuit anili superstitione, homo fanatice, sacrificium, quod alienae domi fieret, invisere ? quae autem te tanta mentis imbecillitas tenuit ut non putares deos satis posse placari, nisi etiam muliebribus religionibus te implicuisses ? Quem umquam audisti majorum tuorum, qui et sacra privata coluerunt et publicis sacerdotiis praefuerunt, cum sacrificium Bonae Deae fieret, interfuisse ? neminem, ne illum quidem qui caecus est factus. Ex quo intellegitur multa in vita falso homines opinari, cum ille, qui nihil viderat sciens quod nefas esset, lumina amisit, istius, qui non solum aspectu, sed etiam incesto, flagitio et stupro caerimonias polluit, poena omnis oculorum ad caecitatem mentis est conversa.

Regardez, pontifes, cet homme religieux et, si vous le jugez bon, en pontifes honnêtes, avertissez-le que la religion a une juste mesure et qu'un excès de superstition ne convient pas. Quel besoin avais-tu, fanatique, d'aller avec une superstition de vieille bigote assister à un sacrifice dans une maison étrangère ? Comment as-tu été assez simple d'esprit pour croire que les dieux ne pourraient être suffisamment apaisés sans aller jusqu'à t'immiscer dans des dévotions de femme ? As-tu jamais entendu dire qu'un de tes ancêtres, qui ont pratiqué des cultes privés et exercé des sacerdoces publics, ait assisté aux mystères de la Bonne Déesse ? Aucun, pas même celui qui devint aveugle [Appius Claudius Caecus, censeur en 312]. D'où l'on peut conclure qu'il y a dans la vie beaucoup de croyances erronées, si celui-là, sans avoir rien vu volontairement qui fût défendu, perdit les yeux, tandis que celui-ci, après avoir profané des cérémonies non seulement par ses regards mais encore par un adultère infâme et abominable, n'a subi comme châtiment pour ses yeux qu'un aveuglement d'esprit !

(Traduction P. Wuilleumier, CUF, Les Belles Lettres)

2. Martial, *Épigrammes,* III, 63

Le joli cœur

Cotile, bellus homo es : dicunt hoc, Cotile, multi.
 Audio : sed quid sit, dic mihi, bellus homo ?
« Bellus homo est, flexos qui digerit ordine crines,

balsama qui semper, cinnama semper olet ;
cantica qui Nili, qui Gaditana susurrat,
qui movet in varios bracchia volsa modos ;
inter femineas tota qui luce cathedras
desidet atque aliqua semper in aure sonat ;
qui legit hinc illinc missas scribit tabellas ;
pallia vicini qui refugit cubiti ;
qui scit quam quis amet, qui per convivia currit,
Hirpini veteres qui bene novit avos. »
Qui narras ? hoc et homo, Cotile, bellus ?
res pertricosa est, Cotile, bellus homo.

Cotilus, tu es un petit-maître ; bien des gens disent cela, Cotilus ; je l'entends dire : mais qu'est-ce, dis-moi, qu'un petit-maître ? — « Un petit-maître, c'est un homme qui dispose harmonieusement les boucles de sa chevelure ; qui sent toujours le baume, toujours le cinname ; qui fredonne les chansons de l'Égypte ou celles de Gadès, qui meut ses bras épilés suivant des cadences diverses, que l'on voit toute le journée assis parmi les chaises des dames et qui, à tout instant, parle à quelque oreille ; qui a toujours à lire des billets venus de tous les points de l'horizon et à écrire lui-même ; qui évite le contact du manteau dans lequel se drape le coude du voisin, qui sait le nom de la bien-aimée de chaque amoureux, qui court d'un souper à l'autre, qui connaît à fond la généalogie du cheval Hirpinus. » — Que me dis-tu là ? Est-ce bien là, Cotilus, un petit-maître ? Quelle chose compliquée qu'un petit-maître, Cotilus !

(Traduction H. Izaac, CUF, Les Belles Lettres)

Prolongement

Clément Marot, *Élégies*

Aimons-nous !

Puisque ton cœur me veux donc présenter
Et qu'il te plaît du mien te contenter,
Je loue Amour. Or évitons les peines
Dont les Amours communément sont pleines !
Trouvons moyen, trouvons lieu et loisir
De mettre à fin le tien et mien désir !
Voici les jours de l'An les plus plaisants :
Chacun de nous est en ses jeunes ans.
Faisons donc tant que la fleur de notre âge

Ne suive point de tristesse l'outrage ;
Car temps perdu et jeunesse passée
Être ne peut par deux fois amassée.
    Le tien office est de me faire grâce ;
Le mien sera d'aviser que je fasse
Tes bons plaisirs, et surtout regarder
Le droit chemin pour ton honneur garder.
Si te supplie que ta Dextre m'annonce
De cet écrit la fatale réponse
À celle fin que ton dernier vouloir
De tout me fasse esjouir ou douloir.

II — Faut-il condamner Délie ?

I, 6, vers 43-86 ⇨ ⇨ ⇨ traduction p. 146-147

Le poète intente à Délie un procès où il est à la fois juge et partie. Prêt à pardonner, il cherche de nouveaux prétextes pour justifier son indulgence : la volonté des dieux, son affectueuse reconnaissance à l'égard de la vieille mère, la condition même de Délie, le souvenir des jours heureux. Il respecte trop son amie pour forcer ses sentiments, à plus forte raison pour lui faire violence, mais il se résigne plus facilement à perdre Délie qu'à la voir dans les bras d'un rival ; et il espère encore qu'elle se respectera assez pour lui rester, malgré tout, fidèle et renoncer à en aimer un autre que lui.

Sic fieri jubet ipse deus, sic magna sacerdos[1]
    est mihi divino vaticinata sono :
haec, ubi Bellonae motu[2] est agitata, nec acrem
    flammam, non amens verbera torta timet ;
ipsa bipenne[3] suos caedit violenta lacertos
    sanguineque effuso spargit inulta[4] deam,
statque latus praefixa[5] veru, stat saucia pectus,
    et canit eventus quos dea magna monet :
« Parcite[6], quam custodit Amor, violare puellam,
    ne pigeat magno post didicisse malo :
attigerit[7], labentur opes, ut vulnere nostro
    sanguis, ut hic ventis diripiturque cinis. »

Et tibi nescio quas dixit, mea Delia, poenas :
si tamen admittas[8], sit precor illa levis.
Non ego te propter parco tibi, sed tua mater
me movet atque iras aurea vincit anus.
Haec mihi te adducit tenebris multoque timore
conjungit nostras clam taciturna manus ;
haec foribusque[9] manet noctu me adfixa proculque
cognoscit strepitus me veniente pedum.
Vive diu mihi[10], dulcis anus ; proprios ego tecum,
sit modo[11] fas, annos contribuisse velim.
Te semper natamque tuam te propter amabo :
quidquid agit, sanguis est tamen illa tuus.
Sit modo[12] casta, doce, quamvis non vitta ligatos
impediat crines nec stola longa pedes ;
et mihi sint durae leges, laudare nec ullam
possim ego quin oculos appetat[13] illa meos ;
et si quid peccasse putet, ducarque capillis
immerito in medias proripiarque[14] vias ;
non ego te pulsare velim, sed, venerit iste
si furor, optarim non habuisse manus ;
nec saevo sis casta metu, sed mente fideli
mutuus absenti te mihi servet amor.
At quae fida fuit nulli, post victa senecta[15]
ducit[16] inops tremula stamina torta manu
firmaque conductis adnectit[17] licia telis
tractaque[18] de niveo vellere ducta putat.
Hanc animo gaudente vident juvenumque catervae
commemorant merito tot mala ferre senem[19] ;
hanc Venus ex alto flentem sublimis[20] Olympo
spectat et infidis quam sit acerba monet.
Haec aliis maledicta cadant : nos, Delia, amoris
exemplum cana simus uterque coma.

NOTES

1. *magna sacerdos :* « la grande prêtresse » ; elle desservait le culte de Mâ-Bellone, déesse venue de l'Orient. — Il ne s'agit pas de la vieille divinité italique, représentée un glaive à la main, debout sur le char qu'elle conduit elle-même, et parèdre de Mars ; son temple, construit par le censeur Ap. Claudius Caecus en 296 av. J.-C. se trouvait à Rome à proximité du Champ de Mars, en dehors du *pomoerium.* — Les soldats rapportèrent le culte de la déesse anatolienne des campagnes qu'ils avaient menées contre Mithridate à l'initiative de Sulla. On lui construisit un temple, avec des grottes pour lui rappeler celles de Cappadoce, *aedes Bellonae Pulvinensis.* Elle semble être devenue assez vite populaire et on l'invoquait, comme ici Tibulle, pour se débarrasser d'un séducteur ou punir une femme infidèle ; les prêtres, originaires de Cappadoce, conduisaient à certaines dates des processions bruyantes et désordonnées qui troublaient l'ordre public d'après Martial ; *vaticinari* : « annoncer l'avenir ».

2. *motus, -us,* m. : « inspiration, délire (prophétique) » ; *verbera torta* : « les coups de fouet », les prêtres étaient représentés avec des fouets dont ils se fustigeaient ; *verbera, -um,* n. pl., désigne à la fois le fouet et le coup ; *torqueo, -es, -ere, torsi, tortum* : « lancer, frapper » ; notez le groupe allitérant *verbera ... vincla.*

3. *bipennis, -is,* f. : « hache à deux tranchants », l'ablatif est en *-e* pour des raisons métriques.

4. *inulta :* « qui ne subit pas de dommage », généralement « impuni, non vengé » (*cf. ulciscor, -eris, -sci, ultus sum*), l'adj. a ici une valeur proche d'un adverbe : « impunément » ; *spargo, -is, -ere, sparsi, sparsum* + acc. : « arroser, éclabousser ».

5. *praefigo, -is, -ere, -fixi, -fixum* : « placer par devant », *latus* (accusatif) *praefixa* : « le flanc transpercé » ; *veru, -us,* n. : « pique, dard ».

6. *parcite ... violare* : « ne brutalisez pas », *parce, parcite* peut s'employer comme équivalent de *noli, nolite* (expression de la défense, constr. poétique), il s'y ajoute ici une nuance de pitié (*parco, -is, -ere, peperci, parsum* : « épargner »).

7. *attigerit ... labentur :* l'opposition temporelle entre le futur antérieur et le futur simple suffit à marquer la relation de dépendance dans la parataxe ; cette construction met directement sous les yeux le fait qu'on attend : si *attigerit, labentur* ; *ut* : « comme », les pratiques magiques reposent souvent sur le principe d'analogie.

8. *si admittas (culpam) ; precor illa (= poena) sit :* on notera l'économie des moyens d'expression.

9. *fores,* f. pl. : « porte » ; *manere* + acc. : « attendre » ; notez la valeur pittoresque du participe *adfixa* (+ dat) *:* « attachée, clouée à » (comme par exemple Prométhée à son rocher).

10. *mihi*, datif « éthique » indiquant l'intérêt que la personne (ici le sujet) prend à l'action : « en ce qui me concerne, pour ce qui dépend de moi » ; *tibi contribuisse = contribuisse cum tuis annis :* « ajouter (mes années) à celles qui te sont accordées ».

11. *sit modo fas* : « si seulement c'était permis », le subjonctif exprime le souhait, la phrase en incise remplace une subordonnée conditionnelle, mais la prière est plus pressante.

12. *sit modo casta* : « qu'elle se conduise bien », *modo* ajoute une nuance concessive : « si seulement » (*cf. dummodo* : « pourvu que »). Ici encore, le poète a préféré la parataxe à la syntaxe ; *vitta :* « bandeau (pour les cheveux), ruban » est un des insignes de la femme de naissance libre, avant comme après le mariage ; *impedire* : « retenir » ; *stola, -ae,* f. : « robe longue », réservée aux matrones : ces renseignements révèlent que Délie était très probablement une affranchie.

13. *appeto, -is, -ere, -petivi, -petitum* : « attraper, saisir » ; la conjonction *quin* introduit une conséquence niée = *ut non* : « dans des conditions telles que ne ... pas ; sans que ».

14. *proripio, -is, -ere, -ripui, -reptum :* « entraîner », on peut admettre qu'ici *proripi = se proripere,* mais la leçon n'est pas sûre, *cf.* ci-dessous question 3 ; *immerito* est expliqué par *putet ;* « si elle pensait... ».

15. *victa senecta :* « vaincue par la vieillesse, cédant à l'âge », *senecta = senectus, -utis,* f. ; *post* est adverbe (ici de temps), comme toujours chez Tibulle.

16. *ducere :* « étirer » ; *stamina torta :* « les fils, après les avoir tordus » : c'est ainsi que procède la mère de Délie, *cf.* I, 5, vers 86 : on tirait (*deducere)* les fils (*stamina)* du haut de la quenouille (*colus)*, on les tressait ensuite avec le pouce (*stamina pollice torquere)*, grâce au mouvement de rotation du fuseau (*fusus)* qui maintenait le fil vertical, suspendu au-dessus de la quenouille.

17. *adnecto, -is, -ere, -nexui, -nexum* : « attacher » : cette opération concerne le tissage : *licia* désigne les cordons qu'on intercale entre les fils de la chaîne pour pouvoir faire passer la navette de fil afin de fabriquer le tissu.

18. *traho, -is, -ere, traxi, tractum* : « étirer, carder (la laine) » en démêlant les fibres et en défaisant les nœuds ; *vellus, -eris,* n. : « toison » ; *ducere* (*cf.* ci-dessus note 16) : « étirer » ; il s'agit ensuite de nettoyer la laine : c'est le sens premier de *putare, cf. putare arbores :* « élaguer », puis *putare rationes* : « éplucher, vérifier des comptes », enfin « penser ».

19. *senex, senis,* adjectif m. ou f. : « vieillard ».

20. *sublimis, -e :* « qui se trouve dans les hauteurs ; dans le ciel », l'adjectif complète l'indication donnée par *ex alto Olympo.*

Questions

1. Précisez le contenu de *sic* : *sic jubet, sic est vaticinata,* vers 43-44. Quelle est la fonction de *senem*, vers 82 ?

2. Étudiez les emplois de l'ablatif sans préposition.

3. L'apparat critique au vers 72 propose, outre la leçon *pronas proripiarque vias*, les variantes suivantes : *pronas, proprias, propria, properans* (manuscrits) et la conjecture moderne *in medias*, d'autres proposent : *pronas per rapiatque vias*. Quelle leçon préférez-vous et pourquoi ?

4. Analysez la construction de la phrase, vers 53-54. Donnez d'autres exemples de construction paratactique. Justifiez l'emploi des temps et des modes, vers 73-74.

5. Étudiez le vocabulaire de la faute et du châtiment. Justifiez la précision avec laquelle sont décrites les opérations de filage et de tissage, vers 78-81 ; l'impression est-elle la même que dans I, 3, v. 83-94 ?

6. Plusieurs personnages interviennent dans le passage : précisez le rôle joué par chacun d'entre eux (y compris les êtres divins) et appréciez en conséquence les changements de ton.

7. Exposez la complexité des sentiments du poète à l'égard de Délie.

8. L'énoncé du vers 58 est doublement incomplet : pourquoi ? Quel sens donnez-vous à l'adjectif *aurea* (*anus*) ? Pourquoi la scène est-elle racontée au présent ?

9. Dans quelle mesure le poète tient-il compte de l'avertissement donné par la prêtresse de Bellone ? et par Vénus ? La reprise de *monet,* vers 50 et vers 84, vous paraît-elle intentionnelle ?

10. Versification : notez l'abrègement de la finale de *nescio*, vers 55 ; l'allongement de la syllabe finale de *sanguis,* vers 66 (à la coupe). — Scandez les vers 77-86.

Prolongement

Du Bellay, *Contre les Pétrarquistes*

À une dame

Du Bellay critique dans cette œuvre la mode ou plutôt la manie du pétrarquisme qu'il oppose à l'inspiration antique. En voici quelques strophes :

Qui contrefait ce Tantale mourant,
Brûlé de soif au milieu d'un torrent ;
Qui repaissant un aigle dévorant
    S'accoutre en Prométhée ;
Et qui encore, par un plus chaste vœu,
En se brûlant, veut Hercule être vu ;
Mais qui se mue en eau, air, terre et feu
    Comme un second Protée.
L'un meurt de froid et l'autre meurt de chaud,
L'un vole bas et l'autre vole haut,
L'un est chétif, l'autre a ce qu'il faut,
    L'un sur l'esprit se fonde,
L'autre s'arrête à la beauté du corps ;
On ne vit onc si horribles discords
En ce chaos qui troublait ces accords
    Dont fut bâti le monde.
Cestui, voulant plus simplement aimer,
Veut un Properce et Ovide exprimer,
Et voudrait bien encore se transformer
    En l'esprit d'un Tibulle ;
Mais cestui-là, comme un Pétrarque ardent,
Va son amour et son style fardant,
Cet autre va le sien mignardant
    Comme un second Catulle.
Nos bons aïeux, qui cet art démenaient,
Pour en parler Pétrarque n'apprenaient,
Ains franchement leur dame entretenaient
    Sans fard ou couverture,
Mais aussitôt qu'amour s'est fait savant,
Lui qui était Français auparavant,
Est devenu flatteur et décevant
    Et de Tusque nature …

Septième élégie
L'anniversaire de Messalla

➪➪➪ Traduction p. 147-149

Hunc cecinere diem Parcae fatalia nentes
  stamina, non ulli dissolvenda deo,
hunc fore, Aquitanas posset qui fundere gentes,
  quem tremeret forti milite victus Atax.
Evenere : novos pubes Romana triumphos
  vidit et evinctos bracchia capta duces ;
at te victrices lauros, Messalla, gerentem
  portabat nitidis currus eburnus equis.
Non sine me est tibi partus honos : Tarbella Pyrene
  testis et Oceani litora Santonici,
testis Arar Rhodanusque celer magnusque Garunna,
  Carnutis et flavi caerula lympha Liger.
An te, Cydne, canam, tacitis qui teniter undis
  caeruleus placidis per vada serpis aquis,
quantus et aetherio contingens vertice nubes
  frigidus intonsos Taurus alat Cilicas ?
Quid referam ut volitet crebras intacta per urbes
  alba Palaestino sancta columba Syro,
utque maris vastum prospectet turribus aequor
  prima ratem ventis credere docta Tyros,
qualis et, arentes cum findit Sirius agros,
  fertilis aestiva Nilus abundet aqua ?
Nile pater, quanam possim te dicere causa
  aut quibus in terris occuluisse caput ?
Te propter nullos tellus tua postulat imbres
  arida nec pluvio supplicat herba Jovi.
Te canit atque suum pubes miratur Osirim
  barbara, Memphiten plangere docta bovem.
Primus aratra manu sollerti fecit Osiris

et teneram ferro sollicitavit humum,
primus inexpertae commisit semina terrae
pomaque non notis legit ab arboribus.
Hic docuit teneram palis adjungere vitem,
hic viridem dura caedere falce comam ;
illi jucundos primum matura sapores
expressa incultis uva dedit pedibus ;
ille liquor docuit voces inflectere cantu,
movit et ad certos nescia membra modos ;
Bacchus et agricolae magno confecta labore
pectora tristitiae dissolvenda dedit,
Bacchus et adflictis requiem mortalibus adfert,
crura licet dura compede pulsa sonent.
Non tibi sunt tristes curae nec luctus, Osiri,
sed chorus et cantus et levis aptus amor,
sed varii flores et frons redimita corymbis,
fusa sed ad teneros lutea palla pedes
et Tyriae vestes et dulcis tibia cantu
et levis occultis conscia cista sacris.
Huc ades et Genium ludo Geniumque choreis
concelebra et multo tempora funde mero ;
illius et nitido stillent unguenta capillo,
et capite et colla mollia serta gerat.
Sic venias hodierne, tibi dem turis honores,
liba et Mopsopio dulcia melle feram.
At tibi succrescat proles quae facta parentis
augeat et circa stet veneranda senem.
Nec taceat monumenta viae, quem Tuscula tellus
candidaque antiquo detinet Alba Lare ;
namque opibus congesta tuis hic glarea dura
sternitur, hic apta jungitur arte silex.
Te canit agricola, a magna cum venerit urbe
serus, inoffensum rettuleritque pedem.
At tu, Natalis multos celebrande per annos,
candidior semper candidiorque veni.

Huitième élégie
Marathus et Pholoé

➪ ➪ ➪ Traduction p. 149-151

Non ego celari possum quid nutus amantis
quidve ferant miti lenia verba sono.
Nec mihi sunt sortes nec conscia fibra deorum,
praecinit eventus nec mihi cantus avis :
ipsa Venus magico religatum bracchia nodo
perdocuit multis non sine verberibus.
Desine dissimulare ; deus crudelius urit
quos videt invitos succubuisse sibi.
Quid tibi nunc molles prodest coluisse capillos
saepeque mutatas disposuisse comas,
quid fuco splendente genas ornare, quid ungues
artificis docta subsecuisse manu ?
Frustra jam vestes, frustra mutantur amictus
ansaque compressos colligit arta pedes.
Illa placet, quamvis inculto venerit ore
nec nitidum tarda compserit arte caput.
Num te carminibus, num te pallentibus herbis
devovit tacito tempore noctis anus ?
Cantus vicinis fruges traducit ab agris,
cantus et iratae detinet anguis iter,
cantus et e curru Lunam deducere temptat,
et faceret, si non aera repulsa sonent.
Quid queror, heu ! misero carmen nocuisse, quid herbas ?
Forma nihil magicis utitur auxiliis :
sed corpus tetigisse nocet, sed longa dedisse
oscula, sed femori conseruisse femur.
Nec tu difficilis puero tamen esse memento :
persequitur poenis tristia facta Venus.
Munera ne poscas : det munera canus amator,

ut foveat molli frigida membra sinu.
Carior est auro juvenis, cui levia fulgent
ora nec amplexus aspera barba terit.
Huic tu candentes umero suppone lacertos,
et regum magnae despiciantur opes.
At Venus invenit puero concumbere furtim,
dum timet et teneros conserit usque sinus,
et dare anhelanti pugnantius umida linguis
oscula et in collo figere dente notas.
Non lapis hanc gemmaeque juvant quae frigore sola
dormiat et nulli sit cupienda viro.
Heu ! sero revocatur amor seroque juventas,
cum vetus infecit cana senecta caput.
Tum studium formae est : coma tunc mutatur, ut annos
dissimulet viridi cortice tincta nucis ;
tollere tunc cura est albos a stirpe capillos
et faciem dempta pelle referre novam.
At tu, dum primi floret tibi temporis aetas,
utere : non tardo labitur illa pede.
Neu Marathum torque : puero quae gloria victo est ?
In veteres esto dura, puella, senes.
Parce, precor, tenero : non illi sontica causa est,
sed nimius luto corpora tingit amor.
Vel miser, absenti maestas quam saepe querellas
conicit et lacrimis omnia plena madent !
« Quid me spernis ? » ait. « Poterat custodia vinci :
ipse dedit cupidis fallere posse deus.
Nota venus furtiva mihi est, ut lenis agatur
spiritus, ut nec dent oscula rapta sonum ;
et possum media quamvis obrepere nocte
et strepitu nullo clam reserare fores.
Quid prosunt artes, miserum si spernit amantem
et fugit ex ipso saeva puella toro,
vel cum promittit, subito sed perfida fallit ?
Est mihi nox multis evigilanda malis.

Dum mihi venturam fingo, quodcumque movetur,
illius credo tunc sonuisse pedes. »
Desistas lacrimare, puer : non frangitur illa
et tua jam fletu lumina fessa tument.
Oderunt, Pholoe, moneo, fastidia divi,
nec prodest sanctis tura dedisse focis.
Hic Marathus quondam miseros ludebat amantes,
nescius ultorem post caput essse deum ;
saepe etiam lacrimas fertur risisse dolentis
et cupidum ficta detinuisse mora ;
nunc omnes odit fastus, nunc displicet illi
quaecumque opposita est janua dura sera.
At te poena manet, ni desinis esse superba.
Quam cupies votis hunc revocare diem !

NEUVIÈME ÉLÉGIE
RUPTURE

➪➪➪ Traduction p. 151-153

Quid mihi, si fueras miseros laesurus amores
foedera per divos, clam violanda, dabas ?
A miser, et si quis primo perjuria celat,
sera tamen tacitis Poena venit pedibus.
Parcite, caelestes : aequum est impune licere
numina formosis laedere vestra semel.
Lucra petens habili tauros adjungit aratro
et durum terrae rusticus urget opus,
lucra petituras freta per parentia ventis
ducunt instabiles sidera certa rates :
muneribus meus est captus puer ; at deus illa
in cinerem et liquidas munera vertat aquas.
Jam mihi persolvet poenas pulvisque decorem
detrahet et ventis horrida facta coma ;
uretur facies, urentur sole capilli,
deteret invalidos et via longe pedes.
Admonui quotiens : « Auro ne pollue formam ;
saepe solent auro multa subesse mala.
Divitiis captus si quis violavit amorem,
asperaque est illi difficilisque Venus.
Ure meum potius flamma caput et pete ferro
corpus et intorto verbere terga seca.
Nec tibi celandi spes sit peccare paranti :
est deus occultos qui vetat esse dolos.
Ipse deus tacito permisit lene ministro
ederet ut multo libera verba mero ;
Ipse deus somno domitos emittere vocem
jussit et invitos facta tegenda loqui. »
Haec ego dicebam : nunc me flevisse loquentem,

nunc pudet ad teneros procubuisse pedes.
Tunc mihi jurabas nullo te divitis auri
pondere, non gemmis, vendere velle fidem,
non tibi si pretium Campania terra daretur,
non tibi si Bacchi cura, Falernus ager,
illis eriperes verbis mihi sidera caeli
lucere et puras fulminis esse vias.
Quin etiam flebas : at non ego fallere doctus
tergebam, umentes credulus usque genas.
Quid faciam, nisi et ipse fores in amore puellae ?
Sit precor exemplo sed levis illa tuo.
O quotiens, verbis ne quisquam conscius esset,
ipse comes multa lumina nocte tuli !
Saepe insperanti venit tibi munere nostro
et latuit clausas post adoperta fores.
Tum miser interii, stulte confisus amari :
nam poteram ad laqueos cautior ese tuos.
Quin etiam attonita laudes tibi mente canebam,
et me nunc nostri Pieridumque pudet.
Illa velim rapida Vulcanus carmina flamma
torreat et liquida deleat amnis aqua.
Tu procul hinc absis, cui formam vendere cura est
et pretium plena grande referre manu.
At te, qui puerum donis corrumpere es ausus,
rideat adsiduis uxor inulta dolis,
et, cum furtivo juvenem lassaverit usu,
tecum interposita languida veste cubet.
Semper sint externa tuo vestigia lecto
et pateat cupidis semper aperta domus ;
nec lasciva soror dicatur plura bibisse
pocula vel plures emeruisse viros.
Illam saepe ferunt convivia ducere baccho,
dum rota Luciferi provocet orta diem.
Illa nulla queat melius consumere noctem

aut operum varias disposuisse vices.
At tua perdidicit, nec tu, stultissime, sentis,
cum tibi non solita corpus ab arte movet.
Tune putas illam pro te disponere crines
aut tenues denso pectere dente comas ?
Ista haec persuadet facies auroque lacertos
vinciat et Tyrio prodeat apta sinu ?
Non tibi, sed juveni cuidam vult bella videri,
devoveat pro quo remque domumque tuam.
Nec facit hoc vitio, sed corpora foeda podagra
et senis amplexus culta puella fugit.
Huic tamen accubuit noster puer : hunc ego credam
cum trucibus venerem jungere posse feris.
Blanditiasne meas aliis tu vendere es ausus ?
Tune aliis demens oscula ferre mea ?
Tum flebis, cum me vinctum puer alter habebit
et geret in regno regna superba tuo.
At tua tum me poena juvet, Venerique merenti
fixa notet casus aurea palma meos :
HANC TIBI FALLACI RESOLVTVS AMORE TIBVLLVS
DEDICAT ET GRATA SIS, DEA, MENTE ROGAT.

Dixième élégie
Départ pour la guerre

L'élégie a été écrite, du moins dans la fiction du recueil, au moment où Tibulle quittait Rome pour accompagner Messalla en Épire (bataille d'Actium, septembre 31) ou dans une des expéditions qui ont immédiatement suivi la victoire d'Octave sur Antoine. C'est seulement au retour de cette campagne qu'il aurait fait la connaissance de Délie dont il n'est pas question ici. Le poète condamne la guerre et lance un vibrant appel à la paix. Il est possible aussi que l'élégie, la plus ancienne du recueil, ait été écrite avant le consulat de Messalla, désigné en 32, retenu par ses fonctions à Rome jusqu'au 1er mai 31. Chronologiquement, c'est la première élégie du recueil ; certains la datent d'avant le consulat de Messalla : il est plus probable qu'elle fut écrite à la fin de l'année 31.

I — La vocation du poète

I, 10, vers 1-38 ⇨ ⇨ ⇨ traduction p. 153-154

À la gloire militaire, au désir qui pousse les hommes à partir au loin pour s'enrichir, le poète oppose les joies simples d'une vie calme, dans le pays de ses ancêtres, en harmonie avec la nature et en accord avec les dieux. L'inquiétude où le plonge l'imminence du départ suscite en lui le regret d'une époque mythique où la vertu et en particulier la bonne foi et la piété étaient à l'honneur. Son patriotisme ne rêve pas d'exploits mais se limite volontairement au culte des Lares paternels et à l'exploitation de son petit domaine : sic placeam vobis, *vers 29, résume ainsi les ambitions du poète et donne la mesure de ses vœux.*

Quis fuit, horrendos primus qui protulit[1] enses ?
  Quam ferus et vere ferreus[2] ille fuit !
Tum caedes hominum generi, tum proelia nata
  et brevior dirae mortis aperta via est.

An nihil ille miser meruit, nos ad mala nostra
vertimus, in saevas quod dedit ille feras ?
Divitis[3] hoc vitium est auri, nec bella fuerunt,
faginus[4] adstabat cum scyphus ante dapes ;
non arces, non vallus[5] erat, somnosque petebat
securus varias[6] dux gregis inter oves.
Tunc mihi vita foret, vulgi nec tristia nossem
arma nec audissem corde micante[7] tubam.
Nunc ad bella trahor, et jam quis forsitan hostis
haesura[8] in nostro tela gerit latere.
Sed patrii servate[9] Lares : aluistis et idem,
cursarem vestros cum tener ante pedes.
Neu pudeat[10] prisco vos esse e stipite factos :
sic veteris sedes incoluistis[11] avi.
Tunc melius tenuere fidem[12], cum paupere cultu
stabat in exigua ligneus aede deus ;
hic placatus erat, seu quis libaverat[13] uva,
seu dederat sanctae spicea[14] serta comae ;
atque aliquis voti compos[15] liba ipse ferebat
postque comes purum filia parva favum[16].
At nobis aerata, Lares, depellite[17] tela,
....
hostiaque e plena rustica porcus hara[18] ;
hanc pura cum veste sequar myrtoque canistra[19]
vincta geram, myrto vinctus et ipse caput[20].
Sic placeam vobis : alius sit fortis in armis,
sternat[21] et adversos Marte favente duces,
ut mihi potanti possit sua dicere facta
miles et in mensa pingere[22] castra mero.
Quis furor est atram bellis arcessere Mortem ?
Imminet et tacito clam venit illa pede.
Non seges est infra, non vinea culta, sed audax
Cerberus et Stygiae navita[23] turpis aquae ;
illic perscissisque[24] genis ustoque capillo
errat ad obscuros pallida turba lacus.

NOTES

1. *profero, -fers, -ferre, -tuli, -latum :* « produire, inventer, créer » ; *ensis, -is,* m., est un mot poétique pour désigner l'épée, *gladius.*

2. *ferreus, -a, -um :* « insensible, cruel », l'expression était proverbiale et Cicéron l'emploie dans une lettre à son frère Quintus ; on notera, outre l'allitération, le jeu de mots avec les armes (l'emploi du fer est postérieur à l'époque chantée par Homère, mais le poète connaît l'usage du métal).

3. *dives aurum :* « l'or qui enrichit », emploi poétique de l'adjectif à valeur prégnante (non pas « riche » mais qui contient la richesse).

4. *faginus, -a, -um* : « de hêtre », c'est le seul bois (*fagus, -i,* f.) qu'on utilise pour les objets de l'âge d'or (*cf.* Virgile, *Buc.* III, 37, etc.) ; *scyphus, -i,* m. : « vase à boire, coupe » en forme de tasse, on l'utilisait dans les festins (ici *dapes*). Il y en a en argent ciselé dans le trésor de Boscoreale, au Louvre. Dans l'usage courant, on utilisait de la vaisselle en terre cuite ; les objets en hêtre étaient réservés au culte.

5. *vallus, -i, m.* : « pieu », servant à former la palissade du camp (*vallum, -i,* n.). Les légionnaires transportaient ces pieux avec eux ou les taillaient à leur arrivée à l'étape.

6. *variae oves* : « les brebis de diverses couleurs ».

7. *corde micante* : « le cœur battant, palpitant », *micare* se dit de tout mouvement sec et rapide : « tressauter, scintiller » ; *tuba, -ae,* f. : la « trompette » qui sonnait le réveil.

8. *haesura,* participe futur de *haereo, -es, -ere, haesi, haesum :* « se fixer dans, s'attacher à », cet emploi étranger à la prose classique du participe futur épithète est devenu fréquent au début de l'empire et en poésie avec une valeur consécutive ; *latere nostro* = *meo* (malgré le sg. *trahor*), c'est le côté droit, celui qui n'est pas protégé par le bouclier. Notez l'allongement de la syllabe finale de *trahor* à la coupe.

9. *servate (nos) :* « sauvez-nous, maintenez-nous en vie », la prière s'étend à toute la *familia* et à l'ensemble du domaine. La statue du Lare (en bronze ou en argent, plus anciennement en argile) se trouvait dans une sorte de niche en forme de chapelle, *aedicula* (*cf. exigua aedes,* v. 20) ; *idem* est au nominatif pluriel (apposé au sujet de *aluistis)* ; *alo, -is, -ere, alui, altum :* « faire grandir, voir grandir ».

10. *pudeat :* le complément de l'impersonnel n'est pas précisé ; *vos* est le sujet de la proposition infinitive ; *stipes, -itis,* m. : « bûche, morceau de bois ».

11. *incolo, -is, -ere, -colui, -cultum* : « habiter », le Lare est véritablement le locataire (*incola*) de la maison et y demeure en cas de changement de propriétaire ; *sic :* « sous cette

forme » ; *sedes, -is,* f. : « demeure », terme plus noble que *domus.*
12. *fidem tenere* : « tenir parole, respecter ses engagements », le sujet de *tenuere* est indéfini : « on » ; *paupere cultu,* ablatif de qualification se rapportant à *deus :* « pauvrement paré ».
13. *libare :* « faire une libation », *uva* est à l'ablatif, c'est le « moyen » de l'offrande.
14. *spiceus, -a, -um* : « d'épis », *cf. spica ; comae* est au datif ; *dare* a souvent le sens de « placer » une offrande (*cf. sacerdos).*
15. *voti compos* : « qui a obtenu la réalisation de ses vœux ».
16. *favus, -i,* m. : « gâteau de miel, rayon » ; les indications données par l'adverbe *post* et le nom-adjectif *comes :* « qui accompagne », en apposition à *filia*, se complètent.
17. *depello, -is, -ere, -puli, -pulsum* : « éloigner », *nobis* est au datif. Le Lare exerce son rôle tutélaire même hors de la patrie ; *aerata ... tela :* « flèches à la pointe de bronze » ; le fer, métal « impur » à cause de la rouille, n'entrait pas dans la composition des armes rituelles. On constate la disparition d'un distique dans le texte des manuscrits.
18. *hara, -ae,* f. : « étable à porcs, porcherie », *rustica* se rapporte à *hostia* : « victime ».
19. *canistra, -orum,* n. pl. : « paniers, corbeilles ».
20. *caput,* acc. de relation, complément d'un participe passif, *myrto vinctus caput* : « la tête couronnée de myrte », l'arbuste consacré à Vénus.
21. *sterno, -is, -ere, stravi, stratum* : « coucher par terre, abattre », *cf. strages, -is,* f. : « massacre », terme militaire.
22. *pingo, -is, -ere, pinxi, pictum :* « peindre, dessiner », *mero (vino)* indique le moyen.
23. *navita, -ae,* m. : « navigateur » (forme refaite sur *navis)* ; Virgile emploie, pour désigner Charon, le terme plus précis de *portitor.*
24. *perscissis genis* : « les joues déchirées » rappelle les brutales manifestations de deuil, peut-être aussi les horreurs de la guerre ; *usto capillo* : « les cheveux brûles » évoquent le bûcher funèbre, même si généralement dans les représentations de l'au-delà les morts ne gardent que les blessures reçues de leur vivant (ainsi les héros de Troie au livre VI de l'*Énéide),* mais on aurait tort de serrer de trop près le sens du texte, les composantes de ce tableau de deuil sont étroitement liées entre elles par la répétition de *-que.*

Questions

1. Vers 11, l'édition Budé propose la leçon *Valgi* au lieu de *vulgi* des manuscrits. Ce personnage, C. Valgius Rufus, ami d'Horace, consul en 12 av. J.-C., auteur d'épigrammes, est cité dans le *Panégyrique de Messalla* (*cf.* Introduction, p. 17). « Cette correction est gratuite et inutile : *vulgi* désigne la foule des soldats. Une autre interprétation consiste à rapporter *vulgi* à *vita* » (J. André). Qu'en pensez-vous ?

2. Quelle est la fonction des interrogations du texte ? Étudiez les emplois de *quis* (interrogatif ou indéfini) et de *aliquis* dans le passage.

3. Classez et expliquez les emplois du subjonctif.

4. Relevez les adverbes de temps et les conjonctions introduisant une subordonnée temporelle ; expliquez le choix des temps de l'indicatif.

5. Relevez et classez les adjectifs qualificatifs ; étudiez leur fonction et les procédés de mise en valeur.

6. Le passage est assez rhétorique ; trouvez quelques figures de style (asyndète, anaphore, périphrase) et précisez les intentions du poète.

7. Comparez la vision de l'Enfer à celle que découvre Énée en compagnie de la Sibylle :

Hinc via Tartarei quae fert Acherontis ad undas.
Turbidus hic caeno vastaque voragine gurges
aestuat atque omnem Cocyto eructat arenam.
Portitor has horrendus aquas et flumina servat
terribili squalore Charon, cui plurima mento
canities inculta jacet, stant lumina flammae,
sordidus ex umeris nodo dependet amictus.
Ipse ratem conto subigit velisque ministrat,
et ferruginea subvectat corpora cumba,
jam senior, sed cruda deo viridisque senectus

(*Énéide*, VI, vers 295-304)

De là une voie mène dans le Tartare vers les eaux de l'Achéron. Gouffre mêlé de fange, en un immense tournoiement il bout et rejette en hoquetant tout son sable dans le Cocyte. Un passeur effrayant monte la garde près de ces flots mouvants, Charon, sale, hérissé, terrible ; des poils blancs foisonnent incultes sur son menton, ses yeux fixes sont de flamme ; un manteau sordide est noué sur ses épaules et pend. Il pousse lui-même la barque avec une perche, sert les voiles et dans sa gabare noircie transporte les corps ; vieux, sans doute, mais c'est un dieu, une vieillesse verte et pleine de sang.

(Traduction J. Perret, CUF, Les Belles Lettres)

8. Comment le poète passe-t-il du cas particulier aux considérations générales et, en sens inverse, du général au particulier ? Que pensez-vous de ce procédé ?

9. Quel est l'état d'esprit du poète ? Quels arguments utilise-t-il pour justifier son horreur de la guerre ?

10. Scandez les vers 29-38. Appréciez le choix des sonorités et justifiez les changements de rythme.

Compléments

1. Plaute, *Aulularia,* vers 1-25

Le dieu Lare

*C'est à lui qu'est confié le prologue de l'*Aulularia. *Voici comment il se présente lui-même :*

Nequis miretur qui sim, paucis eloquar.
Ego Lar familiaris ex hac familia
unde exeuntem me aspexistis. Hanc domum
jam multos annos est cum possideo et colo
patri avoque jam hujus qui nunc hic habet.
Sed mihi avus hujus obsecrans concredidit
thesaurum auri clam omnes : in medio foco
defodit, venerans me ut id servarem sibi.
Is quoniam moritur, — ita avido ingenio fuit —
numquam indicare id filio voluit suo,
inopemque optavit potius eum relinquere

quam eum thesaurum commonstraret filio.
Agri reliquit ei non magnum modum,
quo cum labore magno et misere viveret.
Ubi is obiit mortem qui mihi id aurum credidit,
coepi observare, ecqui majorem filius
mihi honorem haberet quam ejus habuisset pater.
Atque ille vero minus minusque inpendio
curare minusque me impertire honoribus.
Item a me contra factum est : nam item obiit diem.
Is ex se hunc reliquit qui his nunc habitat filium
pariter moratum, ut pater avusque hujus fuit.
Huic filia una est ; ea mi cottidie
aut ture aut vino aut aliqui semper supplicat ;
dat mihi coronas. Ejus honoris gratia
feci thesaurum ut hic reperiret Euclio,
quo illam facilius nuptum, si vellet, daret.

Ne vous demandez pas qui je suis : en deux mots, je vais vous le dire. Je suis le Lare, le dieu domestique de cette demeure d'où vous m'avez vu sortir. Cette maison, voilà bien des années que j'y ai mon établissement et ma résidence : j'y étais déjà du temps du père et du grand-père de son occupant actuel. Or le grand-père m'a confié jadis en grand secret un trésor : il l'a enfermé au milieu du foyer, me priant, m'adjurant de le lui garder. Au moment de sa mort — voyez son avarice — jamais il ne voulut révéler le secret à son fils, et il a préféré le laisser sans ressources plutôt que de lui indiquer l'emplacement du trésor — à son fils ! Il ne lui a laissé qu'un petit bout de champ : de quoi vivre misérablement, avec bien de la peine. Une fois disparu celui qui m'avait confié son or, je voulus voir si le fils aurait pour moi plus d'égards que son père n'en avait eu. Ce fut bien pis encore ; chaque jour il se souciait de moins en moins de moi et retranchait quelque chose des honneurs qui me sont dus. J'en fis de même avec lui : il mourut gros-jean comme devant. Il laissait un fils : c'est celui qui habite aujourd'hui la maison — le portrait tout craché au moral de son père et de son grand-père. Il a une fille unique ; elle, au contraire, tous les jours m'apporte en offrande de l'encens, du vin, quelque chose ; elle me donne des couronnes. Par égard pour elle, j'ai fait découvrir le trésor par son père Euclion, pour qu'il puisse la marier plus facilement, si le cœur lui en dit.

(Traduction A. Ernout, CUF, Les Belles Lettres)

2. Properce, *Élégies*, IV, 7, vers 1-12 ; 77-96

L'apparition de Cynthie

Sunt aliquid Manes : letum non omnia finit,
luridaque evictos effugit umbra rogos.
Cynthia namque meo visa est incumbere fulcro,
murmur ad extremae nuper humata viae,
cum mihi somnus ab exsequiis penderet amoris,
et quererer lecti frigida regna mei.
Eosdem habuit secum quibus est elata capillis,
eosdem oculos : lateri vestis adusta fuit,
et solitum digito beryllon adederat ignis,
summaque Lethaeus triverat ora liquor.
Spirantesque animos et vocem misit : at illi
pollicibus fragiles increpuere manus.
« [...] Et quosque meo fecisti nomine versus,
ure mihi : laudes desine habere meas.
Pelle hederam tumulo, mihi quae pugnante corymbo
mollia contortis alligat ossa comis.
Ramosis Anio qua pomifer incubat arvis,
et numquam Herculeo numine pallet ebur,
hic carmen media dignum me scribe columna,
sed breve, quod currens vector ab urbe legat :
HIC TIBVRTINA IACET AVREA CYNTHIA TERRA :
ACCESSIT RIPAE LAVS, ANIENE, TVAE.
Nec tu sperne piis venientia somnia portis :
cum pia venerunt somnia, pondus habent.
Nocte vagae ferimur, nox clausas liberat umbras,
errat et abjecta Cerberus ipse sera.
Luce jubent leges Lethaea ad stagna reverti ;
nos vehimur, vectum nauta recenset onus.
Nunc te possideant aliae ; mox sola tenebo ;
mecum eris, et mixtis ossibus ossa teram. »
Haec postquam querula mecum sub lite peregit,
inter complexus excidit umbra meos.

C'est quelque chose que les Mânes ; la mort n'est pas la fin de tout, l'ombre livide échappe aux bûchers dont elle triomphe. C'est ainsi que Cynthie sur mon lit parut se pencher, elle qu'on vient d'ensevelir sur le bord de la route où l'on mène grand bruit. J'attendais le sommeil, après les funérailles de l'amour ; et pleurais tristement l'empire glacé de ma couche. Elle avait ses cheveux tels qu'au jour des obsèques et ses yeux tout pareils ; sur son côté la flamme avait brûlé sa robe, attaqué le béryl qu'elle portait au doigt et l'onde du Léthé avait rongé le bord des lèvres. Les sentiments, la voix semblaient bien ceux d'une vivante ; mais un craquement de ses pouces sortit des mains brisées.

[Voici les dernières recommandations qu'elle adresse au poète :]

« ... Et tous ces vers que tu fis pour mon nom, en les brûlant offre-les moi, cesse de conserver les louanges qui m'appartiennent. Chasse de ma tombe le lierre, avec les grappes alourdies liant mes tendres ossements des replis de sa chevelure. Aux lieux où l'Anio dort parmi les vergers et les campagnes feuillues, où la faveur d'Hercule ne laisse pas ternir l'ivoire, sur la colonne en son milieu inscris un chant digne de moi ; qu'il soit bref, que le cavalier le lise, accourant de la Ville :

"Ici dans les champs de Tibur la brillante Cynthie repose ;
Pour ta berge, Anio, c'est un surcroît de gloire."

Mais ne méprise point ce songe qui te vient par la Porte pieuse ; quand ils viennent pieux, les songes ont du poids. Nous allons errant dans la nuit, la nuit libère les ombres enfermées et Cerbère lui-même, rejetant le verrou, va courir au hasard. Au jour la loi prescrit de nous en retourner vers les eaux léthéennes, nous voguons, le nocher compte ce qui vogue à son bord. Sois maintenant à d'autres : bientôt je t'aurai seule, tu seras avec moi, et de mes ossements je presserai les tiens. »

Quand elle eut achevé sa plaintive querelle, dans les embrassements son ombre m'échappa.

(Traduction P. Boyancé, CUF, Les Belles Lettres)

Prolongement

André Chénier, *Élégies*, IV

Si j'avais été romain...

Dans cette élégie écrite en 1789, Chénier imagine le destin qui aurait été le sien dans la Rome antique : il s'identifie au champion de la liberté, Caton d'Utique, et revendique la même mort.

De belles voluptés la voix enchanteresse
N'aurait point entraîné mon oisive jeunesse.
Je n'aurais point, en vers de délices trempés,
Et de l'art des plaisirs mollement occupée,
Plein des douces fureurs d'un délire profane,
Livré nue aux regards ma Muse courtisane.
J'aurais, jeune Romain, au sénat, aux combats,
Usé pour la patrie et ma voix et mon bras ;
Et si du grand César l'invincible génie

À Pharsale eût fait craindre enfin la tyrannie,
J'aurais su, finissant comme j'avais vécu,
Sur les bords africains, défait et non vaincu,
Fils de la liberté, parmi ses funérailles,
D'un poignard vertueux déchirer mes entrailles
Et des pontifes saints les bancs religieux
Verraient même aujourd'hui vingt sophistes pieux
Prouver en longs discours appuyés de maximes
Que toutes mes vertus furent de nobles crimes ;
Que ma mort fut d'un lâche ; et que le bras divin
M'a gardé des tourments qui n'auront point de fin.

II — Appel à la paix

I, 10, vers 39-68 ⇨ ⇨ ⇨ traduction p. 154-155

Dans le monde paisible dont il rêve, le poète n'admet que les combats inspirés par l'amour, Veneris bella, *vers 53, à condition de ne pas y mêler de brutalité. Faut-il n'y voir qu'une concession au genre élégiaque ? Le drame du poète naît peut-être de ces deux aspirations contradictoires qui guident la vie de la plupart d'entre nous : le besoin de changement et le désir de stabilité ou, si l'on préfère, l'attachement à la tradition et la foi dans le progrès. Cependant, c'est sur une image apaisée, exprimant sous une forme figurée la plénitude du bonheur, dans l'attente d'une vieillesse qui lui aura été refusée, que s'achève l'élégie qui clôt le Premier Livre du recueil.*

Quin[1] potius laudandus hic est quem prole parata
    occupat in parva pigra[2] senecta casa !
Ipse suas sectatur oves, at filius agnos,
    et calidam fesso comparat uxor aquam.
Sic ego sim, liceatque caput candescere[3] canis
    temporis et prisci facta referre senem.
Interea Pax[4] arva colat : Pax candida primum
    duxit araturos sub juga curva boves ;
Pax aluit vites et sucos condidit uvae,
    funderet ut nato testa[5] paterna merum ;
Pace bidens vomerque nitent, at tristia duri
    militis in tenebris occupat arma situs[6].

....

rusticus e lucoque vehit, male sobrius[7] ipse,
uxorem plaustro progeniemque domum.
Sed Veneris tunc bella calent[8], scissosque capillos
femina perfractas conqueriturque fores ;
flet teneras subtusa[9] genas : sed victor et ipse
flet sibi dementes tam valuisse[10] manus ;
at lascivus Amor rixae mala verba ministrat,
inter et iratum lentus utrumque sedet.
A lapis est ferrumque, suam quicumque puellam
verberat : e caelo deripit[11] ille deos.
Sit satis e membris tenuem perscindere vestem,
sit satis ornatus dissoluisse[12] comae,
sit lacrimas movisse satis : quater ille beatus
quo tenera irato[13] flere puella potest ;
sed manibus qui saevus erit, scutumque sudemque[14]
is gerat et miti sit procul a Venere.
At nobis, Pax alma, veni spicamque teneto,
praefluat[15] et pomis candidus ante sinus.

NOTES

1. *quin,* particule exclamative formée sur l'ancien adverbe *qui* et la négation *ne,* équivaut à une particule d'affirmation : « comment ne pas ! Vraiment ! » ; *hic* (abrègement de la syllabe *hic* au temps faible) *... quem* donne une certaine emphase au propos ; *prole parata :* « s'étant donné, assuré une descendance ». On notera les allitérations en *p-* dans ce premier distique.

2. *piger, -gra, -grum* : « paresseux ; qui rend lent ou paresseux » : choisissez entre la valeur « active » ou « passive » de l'adjectif !

3. *candesco, -is, -ere* : « blanchir », verbe inchoatif formé sur le radical de *candeo, candor, candidus*, plus recherché et poétique que *canesco* ; *canis* (*capillis*) ; *referre* : « raconter », le verbe suggère que le narrateur a été témoin des faits.

4. *Pax arva colat :* « que la Paix féconde nos campagnes » (Budé) : la traduction vous paraît-elle exacte ? Pour éclairer le sens du verbe, on cite le vers des *Fastes* (I, 704) : *Pax Cererem nutrit, Pacis alumna Ceres* : « La Paix nourrit Cérès, Cérès est la fille de la Paix » ; *cf.* aussi Tibulle, I, 5, v. 21 : *rura colam.*

5. *testa, -ae,* f. : « vase d'argile, pot de terre » (c'est l'origine de *tête* en français).

6. *situs, -us,* m. : « abandon, négligence », d'où « moisissure ; rouille » (*cf.* le verbe *sino* et son composé *pono, -ere, positum).*

7. *male sobrius :* « passablement éméché », l'expresion se trouve aussi chez Ovide, qui s'inspire peut-être de ce passage : *ecce suburbana rediens male sobrius aede / ad stellas aliquis talia verba jacit* (*Fastes,* VI, 785) : retour d'une fête bien arrosée dans la nuit, au solstice d'été ; *sobrius* est formé sur *ebrius* (particule privative *so- / se-, cf. securus, sedulus,* etc.), l'adverbe *male* souligne la gravité d'un état, d'un sentiment de sens défavorable (*male parvus :* « beaucoup trop petit » ; *male odisse* : « détester vivement » ; *male metuere :* « craindre terriblement »).

8. *caleo, -es, -ere* : « chauffer, s'échauffer », *cf. calor, calidus.*

9. *subtusa genas* : « les joues légèrement meurtries », complément à l'accusatif d'un participe passé passif ; *tundo, -ere, tutundi, tunsum* : « frapper », notez la valeur diminutive du préverbe *sub-.* Ce genre de situation se retouve dans les mimes, spectacles dont les Romains étaient friands à l'époque.

10. *valere :* « faire usage de la force, montrer sa force » ; *et ipse* : « et même de lui-même », autrement dit : « il est le premier à… ». La traduction proposée : « mais le vainqueur de son côté pleure du beau résultat obtenu par ses mains égarées » (Budé) ne paraît pas très exacte : trouvez mieux !

11. *deripio, -is, -ere, -ripui, -reptum :* « enlever, arracher » : « expression proverbiale, semble-t-il, pour marquer le comble de l'impiété ; c'est une allusion aux Titans escaladant le Ciel pour détrôner Zeus » (J. André) : expliquez l'allusion.

12. *dissolvo, -is, -ere, -solui, solutum* : « défaire », le complément est *ornatus* (accusatif pluriel) *comae :* « l'arrangement de la chevelure, la coiffure », le pluriel s'explique par la répétition de la scène ; l'expression est volontairement emphatique, *cf.* au vers suivant *quater ille beatus,* de résonance épique. Décelez l'ironie du passage.

13. *quo … irato,* ablatif absolu : « à cause de la colère duquel », le relatif s'accorde avec le participe (*irascor, -eris, -sci, iratus sum)* non avec le verbe conjugué, cette construction se trouve également en prose.

14. *sudis, -is,* f. : « pieu, piquet » ; *scutumque sudemque,* l'allitération dénonce la caractère familier de l'expression qui se retrouve ailleurs ; l'emploi de *-que* répété est poétique : c'est un des traits de la poésie impériale.

15. *praefluo, -is, -ere :* « couler par devant », le préverbe *prae-* traduit bien le geste, confirmé par *ante,* adv. (= *ante pedes).* C'est un motif souvent représenté sur les fresques.

Questions

1. Analysez *senem,* vers 44. Quelle est la valeur du participe futur *araturos,* vers 46, la fonction de *uvae* au vers suivant ?

2. Les manuscrits se partagent entre *quin* et *quam,* vers 39, et les éditeurs modernes privilégient l'une ou l'autre lecture. Quelle leçon préférez-vous ? — On suppose généralement une lacune après le vers 50 : croyez-vous que ce soit nécessaire ?

3. Rapprochez les deux emplois de *occupat,* vers 40 et 50. La reprise vous semble-t-elle intentionnelle ?

4. Justifiez les oppositions temporelles et modales, vers 59-66. Étudiez d'une façon plus générale l'emploi des particules d'opposition dans l'ensemble du passage.

5. Relevez et classez les adjectifs à connotation morale, vers 38-50 ; appréciez le choix des activités dont l'invention est attribuée à la paix ; étudiez la composition des scènes.

6. Quelles formes de violence le poète condamne-t-il ?

7. Tibulle adresse à deux reprises un appel à la Paix, vers 45 et vers 67 : est-ce sur le même ton et dans le même contexte ? Expliquez son insistance et demandez-vous si la symétrie est voulue.

8. Quelle conception de la famille se dégage du texte ? À quelles valeurs Tibulle se montre-t-il attaché ?

9. Que pensez-vous du rôle prêté à l'amour, vers 57-58, et de la sentence exprimée notamment vers 61-66 ? Caractérisez le style de la scène ; expliquez l'expression proverbiale citée vers 60.

10. Scandez les vers 53-60 ; étudiez la structure des distiques.

Prolongements

1. Aristophane, *Paix*, vers 520-555

Le retour de la paix

Le vigneron athénien Trygée est monté au ciel demander à Zeus pourquoi son pays est ravagé par la guerre ; Hermès lui apprend que les dieux ont quitté l'Olympe, las de la méchanceté humaine, et ont installé à leur place Polémos, la Guerre. Avec l'aide de toutes les cités, Trygée part délivrer la Paix enfermée dans une grotte. Elle apparaît sur scène, accompagnée d'Opôria, déesse des fruits, et de Théôria, déesse des fêtes solennelles. Hermès et Trygée l'accueillent par ces mots :

TRY. — Ô souveraine, donatrice du raisin, en quels termes m'adresserai-je à toi ? Où prendrai-je un vocable de dix mille amphores pour te saluer ? Car je n'en ai pas assez chez moi. Salut, Opôria, et toi aussi Théôria. Quel charmant visage tu as, Théôria ! Quelle haleine, combien douce au cœur, suave et comme parfumée d'exemption du service militaire et d'odeur !

HE. — Cela ressemble-t-il à l'odeur du sac militaire ?

TRY. — Foin du sac odieux d'un odieux soldat [parodie d'un vers d'Euripide]. Il infecte le rot d'un mangeur d'oignons. Celle-ci embaume la saison des fruits, le bon accueil, les Dionysies, les flûtes, les tragédiens, les chants de Sophocle, les grives, les versiculets d'Euripide…

HE. — Il t'en cuira de la calomnier ; elle n'aime pas un poète aux maximes chicanières.

TRY. — … le lierre, la passoire au marc, les petits moutons bêlants, la gorge des femmes courant à l'envi aux champs, la servante ivre, le conge [récipient contenant plus de trois litres] renversé et bien d'autres bonnes choses.

HE. — Tiens, regarde comme les cités babillent entre elles, réconciliées, et rient joyeusement.

TRY. — Et cela, bien qu'ayant le visage terriblement meurtri, toutes tant qu'elles sont, et le corps tout couvert de ventouses.

HE. — Et ceux-là donc, les spectateurs, observe leurs mines pour connaître leurs professions. Là-bas par exemple, le fabricant de panaches, ne le vois-tu pas qui s'arrache les cheveux ?

TRY. — Oui, mais celui-ci, qui fait des pioches, vient de péter au nez du fourbisseur qui est là-bas.

HE. — Et le fabricant de faux, vois-tu comme il se réjouit ?

TRY. — Et comme il fait la figue au faiseur de piques ?

HE. — Voyons, proclame que les laboureurs sont invités à se retirer.

TRY. — Oyez, bonnes gens : que les laboureurs se retirent, qu'avec leurs outils ils se rendent au plus vite aux champs, sans pique ni glaive ni javelot. Car tout ici est déjà plein d'une bonne vieille paix. Allons, que chacun retourne pour travailler aux champs, après avoir entonné un péan.

(Traduction H. Van Daele, CUF, Les Belles Lettres)

2. Callimaque, *Hymne à Déméter,* vers 119-138

Hymne à Déméter

[...] Filles, chantez, et que suive, femmes, votre invocation ; « Déméter, salut, salut, Très Féconde, Très Nourricière ! » Comme mènent le calathos [corbeille portée en procession à la fête de la déesse] quatre chevaux à la blanche crinière, ainsi la grande déesse, la Souveraine, nous portera le printemps brillant, brillant l'été, brillants aussi l'hiver et l'automne, de l'année à l'année nous gardant ces faveurs. Comme nous marchons sans chaussures et sans bandeau, ainsi nos pieds et nos têtes seront toujours sans mal. Comme les canéphores portent les corbeilles pleines d'or, ainsi l'or nous soit donné sans compter. Qui n'est pas initiée ira jusqu'au prytanée de la ville ; les initiées, celles qui n'ont pas soixante ans, suivront le calathos jusque chez la déesse ; mais celles dont le corps est alourdi, qu'elle tendent leurs bras vers Ilithye ou si quelque mal les tient, qu'elles aillent seulement jusqu'où leurs genoux les porteront. Déô leur donnera tous biens en abondance, et qu'un jour elles puissent aller jusqu'à son temple.

Salut déesse ; garde cette ville dans la concorde et le bonheur ; produis tout ce qui vient de la terre ; fais croître le bétail, donne-nous les fruits, et les épis, et les moissons ; fais croître aussi la paix : qui a semé, qu'il moissonne aussi. Ô trois fois priée, sois-moi propice, Toute-Puissante entre les déesses.

(Traduction É. Cahen, CUF, Les Belles Lettres)

3. Ronsard, *Odes,* IV, 29

L'Amour prisonnier des Muses

Les Muses lièrent un jour
De chaînes de roses Amour,
Et pour le garder le donnèrent

Aux Grâces et à la Beauté,
Qui voyans sa déloyauté
Sur Parnasse l'emprisonnèrent
  Si tôt que Vénus l'entendit,
Son beau ceston elle vendit
À Vulcain, pour la délivrance
De son enfant, et tout soudain
Ayant l'argent dedans la main,
Fit aux Muses la révérence.
  Muses, Déesses des chansons,
Quand il faudrait quatre rançons
Pour mon enfant, je les apporte ;
Délivrez mon fils prisonnier.
Mais les Muses l'ont fait lier
D'une chaîne encore plus forte
  Courage donc, amoureux,
Vous ne serez plus langoureux,
Amour est au bout de ses ruses ;
Plus n'oserait ce faux garçon
Vous refuser quelque chanson,
Puisqu'il est prisonnier des Muses.

QUESTIONS D'ENSEMBLE

1. Établissez, à partir de votre lecture de Tibulle et des textes de rapprochement, la liste des principaux thèmes élégiaques.

2. Que connaissons-nous des goûts et du caractère de Tibulle d'après son œuvre ? Le poète vous paraît-il sincère ?

3. Le roman d'amour de Délie : quelle idée pouvons-nous nous faire de la jeune femme ? Tentez de distinguer la part des conventions et de la fiction poétique.

4. Étudiez le sentiment de la nature chez Tibulle ; opposez au monde rural tel qu'il le fait revivre les contraintes de la vie militaire ou citadine.

5. L'imaginaire du poète : évoquez l'univers poétique de Tibulle à partir des correspondances établies avec le monde extérieur. Étudiez en particulier la symbolique des couleurs et des métaux.

6. Quelle place la religion occupe-t-elle dans les préoccupations de Tibulle ?

7. La peur de la mort : précisez les circonstances et les modes d'expression.

8. La sagesse de Tibulle : à quelles valeurs se montre-t-il le plus attaché ? Relevez quelques formules ou maximes exprimant ses convictions.

9. Tentez de définir le style de Tibulle ; appréciez notamment la simplicité du vocabulaire et de la syntaxe. Relevez quelques figures de style. Citez quelques mots ou expressions qui semblent obtenir la faveur du poète.

10. Versification

— Étudiez la composition des distiques, l'effet produit par la succession régulière de l'hexamètre et du pentamètre.

— Comment Tibulle utilise-t-il les ressources de la métrique ? Appréciez en particulier les allitérations et le choix des sonorités. Citez quelques distiques qui vous paraissent particulièrement réussis et justifiez votre choix.

TRADUCTION

TIBULLE

LIVRE PREMIER

I

Qu'un autre s'amasse un trésor d'or fauve et possède des milliers d'arpents d'un sol bien cultivé, pour trembler dans des fatigues perpétuelles au voisinage de l'ennemi, pour que les sonneries guerrières de la trompette chassent loin de lui le sommeil : moi, que ma pauvreté me fasse traverser une vie de loisir, pourvu que, sans jamais s'éteindre, le feu brille dans mon âtre ; que je plante moi-même, dans la saison propice, les ceps délicats, en vrai paysan, et, d'une main adroite, des arbres fruitiers déjà formés ; et que l'Espérance ne me leurre point, mais qu'elle fasse toujours s'amonceler mes récoltes et remplisse mes cuves d'un vin nouveau bien épais. Car j'honore dévotement et les souches perdues dans les champs et les vieilles pierres des carrefours, qui portent des guirlandes de fleurs ; et, les prémices de tous les fruits que me donne le printemps sont l'offrande que je dépose aux pieds du dieu rustique. Blonde Cérès, pour toi il y aura, de ma propriété, une couronne d'épis, qui pendra à la porte de ton temple ; et, dans mon jardin plein de fruits, je veux placer comme gardien un Priape peint en rouge, dont la faux redoutable fera peur aux oiseaux ; vous aussi, gardiens d'un domaine riche autrefois, maintenant appauvri, vous avez vos présents, dieux Lares ; alors une génisse immolée purifiait d'innombrables taureaux, maintenant une agnelle est la modeste victime offerte pour une petite terre : une agnelle tombera en votre honneur, et qu'autour d'elle la jeunesse rustique s'écrie : « Io ! à nous moissons et bons vins ! »

Si je pouvais seulement, désormais, si je pouvais vivre content de peu, sans être toujours entraîné en de longues marches, et fuir le lever brûlant de la canicule à l'ombre d'un arbre, sur les bords d'une eau courante ! Et toutefois je ne rougirais pas de tenir de temps en temps la pioche ou de stimuler avec l'aiguillon des bœufs pesants ; je ne serais pas fâché non plus de rapporter à la maison, dans le pli de ma robe, une agnelle ou le chevreau que sa mère aura laissé en arrière et oublié. Et vous, épargnez, voleurs et loups, mon petit bercail : c'est dans un grand troupeau qu'il faut aller chercher votre proie. Ici, j'ai coutume tous les ans de purifier mon berger et d'arroser de lait la douce Palès. Dieux, assistez-moi, et les dons d'une table pauvre, offerts dans des vases d'argile sans ornements, ne les dédaignez point : c'est d'argile que l'antique paysan fit ses premières coupes, qu'il formait d'une terre maniable. Je ne demande, moi, ni les richesses de mes pères ni les revenus que jadis la moisson mise au grenier rapporta à mon aïeul : une petite terre me suffit, si je puis me reposer sur un lit familier et délasser mes membres sur ma couche accoutumée. Quelle joie d'entendre de son lit les vents furieux et de presser tendrement sa maîtresse contre sa poitrine ou, lorsqu'en hiver l'Auster aura versé ses eaux glacées, de s'endormir tranquillement à la chaleur d'un bon feu ! Voilà le bonheur que je voudrais : qu'il soit riche – il en a le droit – celui qui peut braver la fureur de la mer et les sombres orages.

Ah ! puisse tout l'or du monde périr, avec toutes les émeraudes, plutôt que mes voyages fassent pleurer une amie ! À toi il convient, Messalla, de guerroyer sur terre et sur mer pour que ta maison étale les trophées enlevés à l'ennemi : moi, je suis retenu captif dans les chaînes d'une belle amie, et je suis le gardien assis à l'attache devant sa porte insensible. Non, je ne me soucie pas de la gloire, ma Delia : auprès de toi si je puis être, je consens qu'on m'appelle lâche et oisif ; ah ! te regarder, quand sera venue mon heure suprême, te tenir, en mourant, de ma main défaillante ! Et tu me pleureras Delia, quand je serai déposé sur le lit près de s'allumer, et, mêlés à des larmes amères, tu me donneras tes baisers ; tu pleureras : tu n'as pas le cœur durement scellé avec du fer, ta tendre poitrine ne contient pas un caillou. De ces funérailles-là, pas un jeune homme, pas une jeune fille ne pourra revenir à la maison les yeux secs ; toi, n'offense pas mes mânes, mais épargne tes cheveux dénoués ; tes tendres joues aussi, Delia, épargne-les.

Cependant, tant que les destins le permettent, aimons-nous tous deux : bientôt viendra la mort, la tête enveloppée de ténèbres ; bientôt se glissera l'âge qui engourdit, et l'amour ne siéra plus, les caresses des mots non plus, quand nos têtes auront blanchi. C'est maintenant qu'il faut servir la légère Vénus, tandis qu'il n'y a pas de honte a briser des portes et qu'il y a du plaisir à faire entrer avec soi la querelle ; là je suis bon général et bon soldat : vous autres, enseignes et trompettes, loin d'ici, portez les blessures aux guerriers ambitieux, portez-leur aussi la fortune ; moi, à l'abri du souci grâce à mes provisions, je me rirai des riches et je me rirai de la faim.

II

Verse encore ! du vin pur, pour éteindre des douleurs nouvelles, pour que le sommeil maîtrise et ferme les yeux de ton maître épuisé ! et qu'on ne vienne pas, quand Bacchus aura copieusement étourdi mes tempes, me réveiller, durant le repos de mon triste amour. C'est qu'une garde farouche est montée auprès de mon amie, un verrou inflexible ferme sa porte solidement.

Porte d'un seigneur peu commode, sois fouettée par la pluie, puisse Jupiter commander à sa foudre d'aller te frapper. Porte, allons, ouvre-toi pour moi seul, vaincue par mes plaintes ; tourne sur tes gonds et entrebaille-toi sans faire de bruit, et, pour les méchants souhaits que t'a adressés mon délire, pardon ! qu'ils retombent sur ma propre tête : rappelle-toi plutôt les prières qu'a multipliées ma voix suppliante et les guirlandes de fleurs que je donnais à tes jambages.

Toi non plus, n'aie pas peur, Delia, de tromper tes gardiens ; il faut oser : les audacieux sont aidés par Vénus elle-même ; c'est elle qui seconde le jeune homme qui se risque sur un seuil nouveau ou l'amie qui introduit la clef et ouvre la porte ; c'est elle qui apprend à glisser furtivement à bas d'une couche voluptueuse et à poser le pied sans bruit ; elle qui apprend à échanger, en présence du mari, des gestes qui parlent et à cacher les mots caressants sous des signes convenus ; et elle n'apprend point cela à tout le monde, mais à ceux que la paresse n'engourdit pas et que la peur n'empêche point de se lever dans l'obscurité de la nuit. Ainsi moi, quand, au milieu des ténèbres, je rôde, le cœur battant, par toute la ville, <Vénus> ne me laisse pas assaillir par un individu qui me blesse d'un coup de poignard ou qui m'enlève mes vêtements et s'en approprie l'aubaine. Celui que l'amour possède peut aller, assuré et sacré, partout où il lui plaît : il n'a pas à redouter les embûches. Moi, je ne souffre ni du froid paralysant d'une nuit d'hiver ni de la pluie qui tombe à torrents ; ce sont peines qui ne mordent pas sur moi, pourvu que Delia pousse le verrou de sa porte et m'appelle sans rien dire en faisant claquer ses doigts. Détournez les yeux, vous, homme ou femme, qui vous trouvez sur mon passage : Vénus veut que ses larcins restent cachés ; tâchez de ne point m'effrayer par le bruit de vos pas, de ne pas chercher mon nom, de ne pas approcher la lumière éclatante de votre torche. Si par mégarde on m'aperçoit, silence ! attestez tous les dieux que vous avez oublié : tout bavard sentira, oui, sentira que Vénus est née du sang mêlé aux ondes de la mer impétueuse.

D'ailleurs ton mari ne le croira pas, comme me l'a promis une sorcière véridique à l'aide de la magie. Cette femme, je l'ai vue de mes yeux attirer les astres du ciel ; elle détourne par ses incantations le cours d'un fleuve rapide ; sa voix fait s'entr'ouvrir le sol, sortir les mânes des tombeaux, descendre les ossements du bûcher tiède ; tantôt elle retient d'un sifflement magique les cohortes infernales, tantôt, d'une aspersion de lait, elle les fait disparaître. Quand elle veut, elle dissipe les nuages qui attristent le ciel ; quand elle veut, elle fait tomber la neige dans un ciel d'été. Elle passe pour être la seule à posséder les herbes malfaisantes de Médée, la seule qui ait dompté les chiens farouches d'Hécate. Cette femme m'a composé des formules d'incantation, à l'aide desquelles tu pourras tromper : dis-les trois fois en mesure, et, les formules débitées, crache trois fois ; lui ne pourra rien croire de ce qu'on lui dirait de nous, il n'en croira pas ses yeux, s'il nous voit lui-même dans ta couche voluptueuse. Mais garde-toi de donner tes faveurs à d'autres : il verra tout ; il n'y a que moi avec qui il ne s'apercevra de rien. Que croire ? cette femme a dit aussi que ses formules et ses herbes avaient le pouvoir d'éteindre ma passion, et elle m'a purifié à la clarté des torches, et par une nuit sereine une victime noire est tombée devant l'autel des dieux de la magie. Non, ce n'est pas la disparition complète de mon amour, c'est mon amour payé de retour que je demandais, et je ne voudrais pas pouvoir me passer de toi.

Il était de fer, celui qui, pouvant te posséder, a préféré sottement aller au butin et aux armes. Celui-là peut bien pousser devant lui les bataillons des Ciliciens vaincus, établir son camp de guerrier sur un sol conquis, et se faire voir, en costume tout tissé d'argent, tout tissé d'or, monté sur un cheval rapide : moi, je voudrais moi-même, ma Delia, pourvu que ce soit avec toi, atteler mes bœufs et faire paître mon troupeau sur la colline familière, et, pourvu qu'il me soit donné de te serrer tendrement dans mes bras, je trouverais doux le sommeil même sur une terre inculte. Coucher sur la pourpre de Tyr sans que l'amour nous favorise, à quoi bon, quand la nuit ne ramène que les larmes et l'insomnie ? Car ni les plumes alors ni les couvertures brodées ni le murmure d'une eau paisible ne sauraient faire venir l'assoupissement.

Est-ce que j'ai offensé par une parole la divinité de la puissante Vénus et ma langue impie m'en fait-elle maintenant subir la peine ? Suis-je accusé du sacrilège d'avoir pénétré dans les demeures des dieux et d'avoir arraché les guirlandes des foyers sacrés ? Non, si j'étais coupable, je n'hésiterais point à me prosterner devant les temples et à en embrasser les seuils augustes, je n'hésiterais point à me traîner à genoux sur le sol en suppliant et à frapper contre la porte sacrée ma tête misérable.

Mais toi qui t'amuses à rire de nos douleurs, crains bientôt pour toi : je ne serai pas toujours le seul sur qui tombera la colère divine. Je l'ai vu : tel, que les amours malheureuses des jeunes gens avaient fait rire, a ensuite, devenu vieux, présenté le cou aux chaînes de Vénus, a exercé sa voix tremblotante à débiter des cajoleries et ses mains à arranger des cheveux blancs ; et il n'a pas eu honte de rester debout devant une porte et d'arrêter la servante de l'aimée au milieu du forum. Autour d'un tel homme, garçons et jeunes gens se pressent en le serrant de près, et chacun, pour sa sauvegarde, de cracher dans le pli ondoyant de sa robe. Mais à moi, Vénus, fais grâce : je suis ton servant toujours dévoué ; pourquoi brûler, cruelle, une moisson qui t'appartient ?

III

Vous irez sans moi, Messalla, à travers les flots de la mer Égée ; ah ! puissiez-vous, ta suite et toi, garder mon souvenir ! Moi, la maladie me retient sur la terre inconnue de Phéacie. Écarte seulement, noire Mort, tes mains avides ; écarte-les, sombre Mort, je t'en supplie : je n'ai pas ici une mère qui recueille dans les plis de son voile de deuil mes ossements brûlés ; je n'ai pas une sœur qui offre à ma cendre les parfums d'Assyrie et qui pleure, les cheveux épars, devant mon tombeau ; Delia n'est pas là, elle qui, avant de me laisser partir de la ville, consulta, dit-on, tous les dieux. Elle a pris trois fois des mains d'un jeune garçon les sorts sacrés : elle n'a reçu de l'enfant des carrefours que des réponses certaines ; toutes annonçaient mon retour ; cependant rien n'a jamais pu arrêter ses larmes ni calmer ses craintes au sujet de mon départ. Et moi, voulant la consoler, quand j'avais déjà donné mes ordres, je cherchais sans cesse, dans mon anxiété, des délais pour le retarder ; ou bien j'ai incriminé les auspices, ou bien des présages sinistres, ou le jour consacré à Saturne qui me retenait. Oh ! que de fois, me mettant en route, ai-je dit que mon pied avait heurté la porte et donné des signes qui tourneraient contre moi ! Que nul n'ait l'audace de s'en aller malgré Amour, ou qu'il sache qu'il est parti contre la volonté du dieu.

À quoi me sert maintenant, Delia, ton Isis ? à quoi me servent ces instruments de bronze tant de fois agités par ta main ? à quoi, ta dévotion fidèle, cette eau pure dont tu t'arrosais – il m'en souvient, – et cette couche pure où tu reposais chastement ? Maintenant, déesse, maintenant secours-moi (tu sais guérir, comme le prouvent les nombreux tableaux de tes temples) : ma Delia, s'acquittant des chants promis, se tiendra assise, vêtue de lin, devant ta porte sacrée, et, deux fois le jour, les cheveux dénoués, elle devra chanter les hymnes en ton honneur, belle à voir parmi la foule des célébrants de Pharos. Quant à moi, puissé-je encore fêter les Pénates de mes pères et offrir au Lare antique l'encens qui lui est dû chaque mois.

Qu'on vivait heureux sous le règne de Saturne, avant le temps où de longues routes se sont ouvertes sur la terre ! Le pin n'avait pas encore bravé les ondes azurées ni présenté aux vents le gonflement de la voile déployée ; errant à la poursuite du gain en des terres inconnues, un nautonier n'avait pas encore chargé son vaisseau de marchandises étrangères. Ce temps-là n'a pas vu le taureau vigoureux subir le joug, le cheval mordre le frein de sa mâchoire domptée ; les maisons n'avaient point de porte, on n'enfonçait pas de pierre dans les champs pour marquer exactement les limites des propriétés. D'eux-mêmes les chênes donnaient du miel, et spontanément les brebis venaient offrir le lait de leurs mamelles aux hommes qui n'avaient pas de souci. Il n'y avait pas d'armée, pas de colère, pas de guerres, et l'art inhumain du forgeron cruel n'avait pas façonné l'épée. Aujourd'hui, sous la domination de Jupiter, ce sont des meurtres et des blessures toujours, aujourd'hui c'est la mer, aujourd'hui mille voies s'ouvrent brusquement qui conduisent à la mort.

Épargne-moi, père des dieux ! ma conscience sans reproche n'éprouve pas les terreurs qui suivent les parjures ou les paroles impies prononcées contre la sainteté des dieux. Que si j'ai rempli maintenant le nombre fatal de mes années, permets que ces mots soient inscrits sur la pierre qui couvrira mes restes : « Ici repose Tibulle, enlevé par une mort cruelle, tandis qu'il suivait Messalla sur terre et sur mer. »

Mais moi, qui suis toujours docile au tendre Amour, Vénus elle-même me conduira aux Champs Elyséens. Là règnent les danses et les chants, et voltigeant de tous côtés, des oiseaux font résonner les doux accents de leur gosier délicat ; le cinnamome y pousse sans culture, et dans toute la campagne la terre complaisante est fleurie de roses embaumées ; et de longues files de jeunes gens mêlés aux délicates jeunes filles se jouent, et Amour renouvelle sans cesse leurs escarmouches. Là se trouvent tous les amants qu'a surpris la Mort avide, et des couronnes de myrte ornent leur chevelure.

Mais il y a le séjour maudit que la nuit profonde cache et autour duquel des flots noirs mugissent ; Tisiphone, à la sauvage chevelure de serpents hérissés, y sévit, et de côté et d'autre la foule impie s'enfuit ; puis, sur le seuil le noir Cerbère siffle par la gueule de ses serpents et monte la garde devant les portes d'airain. Là-bas le corps coupable d'Ixion, qui osa outrager Junon, tourne sur une roue rapide ; et Tityos étendu et couvrant neuf arpents fournit, de ses noires entrailles, une pâture éternelle aux oiseaux ; Tantale y est aussi, et il y a auprès de lui un étang, mais, chaque fois qu'il va boire, l'onde se dérobe à son âcre soif ; et les filles de Danaüs, qui offensèrent la puissance de Vénus, cherchent à porter les eaux du Léthé dans des tonneaux sans fond.

Que là-bas aille quiconque a trahi mes amours et m'a souhaité une campagne qui me retienne longtemps absent. Mais toi, je t'en supplie, reste-moi fidèle, et, pour garder le dépôt sacré de ta pudeur, que ta vieille mère demeure toujours attentive auprès de toi. Qu'elle te raconte des histoires en tirant, près de la lampe, les longs fils de sa quenouille bien garnie ; cependant qu'à côté d'elle la jeune esclave, attachée à sa lourde tâche, cède peu à peu à la fatigue et au sommeil et laisse tomber l'ouvrage.

C'est alors que je voudrais venir subitement, sans que personne m'annonçât, et, comme envoyé du ciel, apparaître à tes yeux ; alors, au-devant de moi, telle que tu seras, tes longs cheveux en désordre, accours, Delia, les pieds nus.

Voilà ma prière ; ce jour si beau, ce jour radieux, puisse la blanche Aurore nous l'apporter avec ses chevaux couleur de rose.

IV

« Que des toits de feuillage, ô Priape, mettent ta tête à l'abri des rayons du soleil, à l'abri des neiges : dis-moi ton art de séduire les beaux garçons ! Je le sais bien, tu n'as pas l'éclat de la barbe, tu n'as pas une chevelure bien arrangée ; nu, tu endures les longs froids du solstice d'hiver ; nu aussi, les sécheresses de la Canicule. »

Ainsi disais-je ; et telle fut la réponse que me fit le rustique fils de Bacchus, le dieu armé de la faux recourbée :

« Ô garde-toi de te confier à la tendre troupe des garçons : ils ont toujours quelque attrait qui appelle à bon droit l'amour. Celui-ci plaît par son adresse à maîtriser un cheval en serrant les rênes, celui-là fend l'eau calme de sa poitrine blanche comme la neige ; l'un séduit par la fougue de son audace, l'autre par la pudeur virginale répandue sur ses tendres joues En tout cas, ne va pas te laisser rebuter par un premier refus ; peu à peu le cou rebelle cédera au joug : longueur de temps rend les lions dociles à l'homme, longueur de temps fait doucement miner la pierre par l'eau ; l'année, sur les coteaux exposés au soleil, mûrit les raisins, l'année ramène périodiquement les astres brillants. Et ne crains pas de faire des serments : les parjures de Vénus se dissipent aux vents qui les emportent à la surface de la terre et des flots. Grand merci à Jupiter : le père des dieux lui-même a annulé les serments les plus passionnés de l'amour déraisonnable ; Dictynna te permet de jurer impunément par ses flèches, et Minerve par sa chevelure.

« Mais toute hésitation sera une faute : la jeunesse passera, et avec quelle rapidité ! Un jour ne demeure point là paresseusement et ne revient pas. Avec quelle rapidité la terre perd ses brillantes couleurs, avec quelle rapidité le haut peuplier, son beau feuillage ! Qu'il est affaissé, quand est venue l'époque fatale de la vieillesse sans force, le cheval sorti autrefois des barrières éléennes ! J'ai vu plus d'un jeune homme, mais déjà sur le déclin de l'âge, s'affliger dès lors d'avoir laissé passer sottement ses jours, Dieux cruels ! le serpent se renouvelle et se dépouille de ses années : à la beauté le destin n'accorde pas un délai. Seuls Bacchus et Phœbus jouissent d'une éternelle jeunesse : une longue chevelure sied à ces deux divinités.

« Quelles que soient les fantaisies du garçon qui t'est cher, cède-lui : la complaisance donnera bien souvent la victoire à l'amour. Ne refuse pas de l'accompagner, malgré la longueur de la route et la canicule qui brûle les plaines altérées, malgré le voile bleuâtre et coloré qui s'étend dans le ciel lorsque l'arc pluvieux hâte la venue de l'eau (?) ; veut-il aller en bateau sur l'onde azurée, pousse toi-même de la rame à travers les flots la barque légère. Et n'hésite point à t'imposer de dures fatigues, à t'user les mains par un travail dont elles n'ont pas l'habitude ; et, s'il veut fermer par des pièges le creux d'un vallon, pourvu que tu lui plaises, ne lui refuse pas tes épaules pour porter les filets ; veut-il faire des armes, tu tâcheras d'en jouer d'une main légère, souvent tu offriras ton flanc à découvert pour qu'il ait la victoire. Alors il te sera facile, alors ravir de chers baisers te sera permis ; il luttera, mais il en donnera tout de même de bons ; il les laissera d'abord prendre, après il les accordera de lui-même à tes prières, et après c'est lui qui voudrait s'enlacer à ton cou.

« Hélas ! que ce siècle dévoyé traite maintenant l'art misérablement ! Voici que le jeune garçon a pris l'habitude d'exiger des cadeaux. Ah ! toi qui le premier appris à mettre l'amour en vente, qui que tu sois, puisse la pierre fatale peser à tes ossements !

Aimez, ô garçons, les Piérides et les doctes poètes, et que l'or des cadeaux ne l'emporte point sur les Piérides : c'est la poésie qui a donné à Nisus son cheveu de pourpre ; sans la poésie, l'ivoire n'aurait pas brillé sur l'épaule de Pélops. Celui que les Muses chanteront vivra tant qu'il y aura des chênes sur la terre, au ciel des étoiles, tant que coulera l'eau des fleuves. Mais celui qui n'entend pas les Muses, qui vend l'amour, qu'il suive, celui-là, le char d'Ops, la déesse de l'Ida, qu'il aille errer par trois cents cités au moins, qu'il se retranche un membre méprisable au rythme de la flûte phrygienne. Vénus elle-même veut que les paroles flatteuses aient leur place ; les plaintes suppliantes, les larmes pitoyables ont en elle une alliée. »

Voilà ce que me fit entendre le dieu pour le répéter à Titius ; mais Titius a une épouse qui lui défend de s'en souvenir. Qu'il obéisse, lui, à celle qu'il aime : vous autres accourez chez votre maître, vous qui souffrez par les nombreux artifices d'un garçon roué. À chacun sa gloire : moi, que les amants dédaignés viennent me consulter ; à tous ma porte est ouverte. Un jour viendra où, précepteur d'amour, j'aurai, devenu vieux, tout un cortège de jeunes gens empressés.

Hélas ! hélas ! comme Marathus torture mon cœur à petit feu ! Je suis à court d'artifices, à court de ruses. Épargne-moi, mon enfant, je t'en supplie, que je n'aie pas la honte de devenir un sujet de fable, qui prêtera à rire par le peu d'effet de mes enseignements.

V

J'étais intraitable et je me vantais de pouvoir supporter une rupture : et me voilà bien loin de me glorifier d'être fort. Car je suis agité comme le sabot que fait tourner rapidement sur un sol uni et libre le fouet preste d'un enfant exercé à ce jeu. Brûle un homme fier, torture-le, pour lui ôter l'envie de faire le fanfaron après cela : dompte son rude langage. Épargne-moi plutôt, je t'en conjure par la couche qui nous unit furtivement, par Vénus, par ta tête qui s'est posée près de la mienne. C'est moi, quand une maladie cruelle t'étendait languissante sur ton lit, dont les vœux, on le sait, t'ont arrachée à la mort ; moi-même j'ai promené autour de toi pour te purifier le soufre rituel, après qu'une vieille eut prononcé ses formules d'incantation ; moi-même j'ai conjuré les mauvais effets des songes funestes en les détournant par l'offre pieuse, trois fois répétée, de la farine et du sel ; c'est moi-même qui, voilé de lin et la tunique flottante, ai neuf fois adressé des vœux à Hécate dans le silence de la nuit. Je les ai tous acquittés : et un autre maintenant a ton amour, et c'est lui qui a le bonheur de recueillir le fruit de mes prières ! Ah ! le bonheur, c'est pour moi que, si tu recouvrais la santé, je le rêvais insensé ! quand la divinité me disait non. Je cultiverai mes champs ; ma Delia sera là, gardienne de mes récoltes, tandis qu'on battra les épis sur l'aire à l'ardeur du soleil ; ou bien elle veillera sur mes auges remplies de raisin et sur le vin doux bien limpide exprimé par le pied agile. Elle s'habituera à compter le bétail ; elle habituera le petit esclave babillard à jouer sur les genoux de la maîtresse affectueuse. Elle saura offrir au dieu rustique une grappe pour prix du vin, des épis pour la moisson, pour le troupeau un sacrifice. Qu'elle commande à tout le monde, qu'elle s'occupe de tout : mon plaisir à moi sera de n'être rien dans toute la maison. Là viendra mon cher Messalla, pour qui Delia cueillera des fruits savoureux sur des arbres de choix : et, pleine de respect pour un si grand personnage, elle serait avec lui aux petits soins, elle lui apporterait et lui servirait elle-même les mets préparés par ses mains. Voilà le rêve que je faisais : illusions, que maintenant l'Eurus et le Notus dissipent à travers l'Arménie embaumée !

Plusieurs fois j'ai tâché de chasser mes chagrins par le vin : mais la douleur avait changé en larmes tout le vin. Plusieurs fois j'ai serré une autre entre mes bras : mais, quand j'allais goûter le plaisir, Vénus m'a rappelé ma maîtresse et m'a abandonné ; alors la femme m'a quitté en disant que j'avais reçu un sort, et elle raconte en rougissant que mon amie connaît les pratiques maudites. Non, ce n'est pas l'effet des incantations : le visage de ma bien-aimée et ses bras délicats et sa blonde chevelure, voilà les sorts que j'ai reçus ; telle était la fille de Nérée, Thétis, à la robe azurée, quand jadis, vers l'hémonien Pélée, elle fut transportée sur le poisson qui portait le frein. Voilà ce qui a fait mon malheur.

Quant à l'amant riche qu'elle a maintenant, c'est une entremetteuse rouée qui a causé ma perte. Qu'elle se repaisse, celle-là, de chairs saignantes et que sa bouche ensanglantée vide des coupes amères remplies de fiel ; qu'autour d'elle voltigent des ombres déplorant leur destinée sans cesse et que, du haut des toits, la strige sinistre chante ; qu'elle-même, excitée par la faim, furieuse, elle cherche sur les tombeaux des herbes et les ossements laissés par les loups cruels ; qu'elle coure, le ventre nu, en hurlant par les villes, ayant à ses trousses la meute farouche des chiens des carrefours. Je serai exaucé, un dieu le manifeste : il est des divinités pour l'amant ; Vénus sévit contre la perfidie des trahisons.

Mais toi, hâte-toi de renoncer aux conseils d'une sorcière rapace : les présents étouffent tout amour. Un amant pauvre sera toujours prêt à rendre service, il sera le premier à aller à toi et restera tendrement attaché à ton côté, un amant pauvre, compagnon fidèle dans les rangs pressés de la foule, te prêtera son bras et te fera un chemin ; un amant pauvre te conduira secrètement chez tes amis réunis en cachette et détachera lui-même les liens qui serrent un pied blanc comme la neige.

Hélas ! mes chants sont vains et sourde à mes paroles la porte ne s'ouvre point ; c'est la main pleine qu'il faut y frapper.

Mais toi, qui es le préféré aujourd'hui, crains le larcin qui m'a été fait : la roue légère de la Fortune tourne rapidement. Ce n'est pas en vain qu'un autre déjà s'arrête sur son seuil, empressé, et souvent guette et bat en retraite, qu'il fait semblant de dépasser la maison, puis bientôt rebrousse chemin dès qu'il est seul et crache cent fois devant la porte. Un amour secret te prépare je ne sais quoi. Profite, je t'en prie, tandis que tu le peux : car ta barque vogue sur une eau courante.

VI

Toujours, pour m'enjôler, tu me montres un visage riant, mais après, hélas ! tu n'as pour moi que sévérité et rigueur, ô Amour. Pourquoi cette cruauté à mon égard ? Est-ce une si grande gloire pour un dieu de dresser des embûches à un homme ? Car des pièges me sont tendus : déjà Delia, en secret, dans le silence de la nuit, la rusée ! embrasse je ne sais quel rival. Elle, il est vrai, nie avec serment, mais la croire est bien difficile : c'est ainsi également qu'à propos de moi elle nie toujours à son mari. Moi-même lui ai, pour mon malheur, enseigné l'art de tromper ses gardiens : hélas ! hélas ! me voici pris à mes propres artifices. Tantôt elle a appris à imaginer des prétextes pour coucher seule, ou à faire tourner une porte sans faire grincer les gonds ; tantôt je lui ai donné des sucs et des herbes pour effacer la meurtrissure que deux amants impriment avec la dent l'un sur l'autre.

Mais toi, époux imprévoyant d'une jeune femme perfide, fais attention à moi aussi, pour empêcher toute infidélité de sa part ; prends garde qu'elle n'aille trop souvent causer avec les jeunes gens et qu'elle ne s'étende le sein laissé à découvert par le pli flottant de sa robe, qu'elle ne te trompe en faisant des signes et que son doigt, tirant le vin, ne trace des caractères sur la table arrondie. Crains toutes ses sorties, et même ses prétendues visites aux mystères de la Bonne Déesse dont l'accès est interdit aux hommes. Mais, si tu m'en crois, je la suivrai seul aux autels : je n'aurai pas alors à craindre pour mes yeux. Souvent, sous prétexte d'admirer ses pierres précieuses ou son cachet, il me souvient de lui avoir touché la main ; souvent je t'ai endormi avec du vin pur, tandis que moi je buvais sobrement en mettant subrepticement de l'eau dans la coupe, et j'avais la victoire. Je n'ai pas fait exprès de t'offenser, pardonne à mes aveux ; c'est Amour qui l'a voulu : qui porterait les armes contre les dieux ? C'est moi – et je ne rougirai plus de dire la vérité – que, toute la nuit, ta chienne poursuivait de ses aboiements. Qu'as-tu besoin d'une jeune épouse ? Si tu ne sais pas veiller sur ton bien, il est inutile d'avoir une clef à ta porte. Tu es dans ses bras, elle soupire pour un amant qui n'est pas là et feint une subite migraine. Eh bien ! confie-la à ma garde : je ne repousse point les coups cruels, je ne refuse pas de me laisser enchaîner les pieds ; alors, bien loin d'ici quiconque cultive artistement sa chevelure et laisse flotter le pli ondoyant de sa toge lâche ; et si quelqu'un se présente sur son chemin, que, pour éviter toute accusation, il s'arrête à distance < ou s'arrête à distance sur une autre route pour la laisser passer (?) >

Tels sont les ordres du dieu lui-même, tels sont les oracles qu'une auguste prêtresse m'a fait entendre de sa voix inspirée : une fois que les transports de Bellone l'agitent, elle ne craint, dans son délire, ni la flamme ardente ni les coups de fouet ; elle-même, avec une hache, se frappe violemment les bras et de son sang répandu arrose la déesse, sans qu'elle ait de mal, et, debout, le flanc percé d'un trait, debout, la poitrine déchirée, elle annonce les événements que la puissante déesse lui révèle : « Gardez-vous de profaner la jeune femme sur laquelle Amour veille, pour n'avoir pas à regretter plus tard de l'apprendre par un terrible châtiment : touchez-la, votre fortune se dissipera comme le sang coule de notre blessure, comme cette cendre se disperse au vent. » Et pour toi elle a parlé, ma Delia, de je ne sais quels châtiments : si pourtant tu te rends coupable, puisse ce châtiment être léger.

Non, ce n'est pas pour toi que je veux t'épargner, c'est ta mère qui me touche, la précieuse vieille désarme ma colère. C'est elle qui t'amène à moi dans les ténèbres et, toute tremblante, unit secrètement nos mains, sans rien dire ; elle qui m'attend la nuit à la porte, sans bouger, et de loin me reconnaît quand j'arrive, au bruit de mes pas. Je te souhaite longue vie, douce vieille : je voudrais qu'il me fût permis d'ajouter mes propres années aux tiennes. Toi je t'aimerai toujours et j'aimerai ta fille à cause de toi : quoi qu'elle fasse, elle n'en est pas moins ton sang.

Enseigne-lui seulement à être fidèle, bien qu'un ruban ne maintienne point ses cheveux noués et qu'une robe longue ne couvre point ses pieds ; pour moi, je me soumets à de dures conditions, je veux bien ne pouvoir louer une femme sans qu'elle cherche à m'arracher les yeux ; et si elle me croit coupable d'une faute, je veux, malgré mon innocence, être traîné par les cheveux et tiré au milieu des rues la tête en avant ; quant à te frapper, je ne le saurais, mais, si pareille folie me venait, je souhaiterais de n'avoir jamais eu de mains ; mais ne sois pas chaste par peur des violences : qu'un amour réciproque me conserve ta fidélité en mon absence. Celle qui n'a été fidèle à nul amant, plus tard, accablée par la vieillesse et l'indigence, tire d'une main tremblante les fils qu'elle enroule, attache pour un salaire les lices solides aux chaînes et épluche en la cardant une laine blanche comme neige. Cette femme fait la joie des jeunes gens qui se pressent pour la voir et racontent qu'elle a mérité tous ces maux qui chargent sa vieillesse ; cette femme, l'altière Vénus, du haut de l'Olympe, la regarde pleurer, en rappelant combien elle est sévère aux infidèles.

Puissent ces malédictions retomber sur d'autres : nous, Delia, soyons encore en cheveux blancs un modèle de mutuel amour.

VII

Ce jour a été annoncé par le chant des Parques qui ourdissent les fils des destinées, qu'aucun dieu ne peut rompre, ce jour qui devait mettre en déroute les peuples de l'Aquitaine et faire trembler l'Aude vaincue par un vaillant soldat. L'oracle est accompli : le peuple romain a vu un nouveau triomphe et les bras liés de chefs captifs ; et toi, Messala, couvert des lauriers de la victoire, tu étais porté par un char d'ivoire aux chevaux éclatants. J'étais avec toi quand tu méritas cet honneur : les Pyrénées des Tarbelles en sont témoins, et les rivages de l'océan des Santons ; témoin la Saône et le Rhône rapide et la vaste Garonne, et la Loire, onde bleue du Carnute blond.

Ou bien est-ce toi, Cydnus, que je chanterai, toi qui sans bruit promènes doucement tes eaux bleues en serpentant à travers un lit paisible, ou la hauteur du Taurus dort la cime glacée s'élève dans les nues et qui nourrit les Ciliciens aux longs cheveux ? Dirai-je comment vole sans danger à travers d'innombrables cités la blanche colombe, sacrée pour le Syrien de la Palestine ? comment, de ses hautes demeures, elle regarde au loin la vaste plaine de la mer, cette Tyr qui la première apprit à confier un navire aux vents ? comment aussi, quand Sirius fend la terre altérée, le Nil fertilisant a, bien qu'en été, de l'eau en abondance ?

Nil, ô père, pourrais-je dire pour quelle raison et en quelle région tu as caché ta source ? Grâce à toi, le sol que tu arroses ne réclame pas l'eau du ciel, et l'herbe desséchée n'implore pas Jupiter qui distribue les pluies. C'est toi que chante et que vénère, avec son Osiris, ce peuple barbare, instruit à pleurer le bœuf de Memphis. Le premier, Osiris, d'une main industrieuse, a construit la charrue et a remué avec le soc la glèbe tendre ; le premier, il a confié des semences à la terre non éprouvée encore et cueilli des fruits sur des arbres jusqu'alors inconnus. C'est lui qui enseigna à attacher à des échalas la vigne délicate, à en couper avec la dure serpette le vert feuillage ; le premier il obtint le jus savoureux exprimé du raisin mûr par des pieds agrestes ; cette liqueur-là apprit à varier les inflexions de la voix et l'art ignoré jusque-là de se mouvoir en cadence ; et Bacchus a donné au laboureur accablé par un long travail de chasser de son cœur la tristesse, Bacchus apporte le repos aux êtres malheureux, malgré les dures chaînes qui s'entrechoquent avec bruit sur leurs jambes. Tu ne connais pas les tristes soucis ni les douleurs, Osiris ; mais la danse, les chants, les jeux de l'amour, voilà ce qui te convient ; mais les fleurs de toute nuance, les fronts couronnés de grappes de lierre ; mais la robe couleur de safran qui tombe sur des pieds délicats, les vêtements de pourpre tyrienne, les doux sons de la flûte, la légère corbeille qui prend part aux mystérieuses cérémonies.

Viens en ces lieux célébrer avec nous par le jeu, par des danses, le Génie, le Génie de Messalla, et étourdir les tempes par des flots de vin ; que des gouttelettes d'essence découlent de la chevelure brillante du dieu, que sa tête et son cou portent de souples guirlandes. Oui, viens, toi que nous fêtons aujourd'hui, que je t'offre de l'encens en hommage et t'apporte des gâteaux savoureux au miel attique.

Et toi, puisses-tu voir grandir des enfants qui ajoutent aux exploits de leur père, et entourent glorieusement ta vieillesse. Et qu'il ne taise point la voie qui est ton ouvrage, celui que retiennent le territoire de Tusculum ou la blanche Albe au Lare antique : car elle est faite d'un lit de gravier dur amassé par ta libéralité, et pavée de blocs assujettis avec art ; voici que chante tes louanges le laboureur revenu de la grande ville sur le soir et rentré sans s'être meurtri les pieds.

Et toi, Anniversaire, pour être célébré bien des années encore, arrive plus radieux, toujours plus radieux !

VIII

Ce n'est pas à moi qu'on peut cacher ce qu'annoncent le signe d'un amant ou de tendres paroles prononcées d'une voix douce. À d'autres les sorts et les fibres, interprètes de la volonté des dieux, je ne demande point la révélation de l'avenir au chant d'un oiseau : Vénus elle-même, en m'attachant les bras derrière le dos avec des liens noués selon les rites magiques, m'a donné l'expérience, non sans que j'aie reçu bien des blessures. Cesse de dissimuler : Amour brûle plus cruellement ceux qu'il voit lui céder malgré eux. À quoi te servent maintenant le soin que tu as pris de tes souples cheveux et toutes tes manières d'en modifier l'arrangement ? à quoi, le fard brillant dont tu ornes tes joues ? à quoi, tes ongles arrondis par la main savante du praticien ? C'est en vain désormais que tu changes de tunique et de robe, en vain qu'une chaussure aux œillets serrés comprime ton pied et le fait petit. Cette femme-là te plaît, quoiqu'elle soit venue à toi le visage sans apprêt et sans avoir ajusté ni fait briller sa chevelure avec les lenteurs de l'art. Est-ce qu'avec ses formules magiques, avec ses herbes qui font pâlir, une vieille t'a ensorcelé dans le silence de la nuit ? L'incantation attire la moisson d'une terre dans celle du voisin, l'incantation suspend la marche du serpent irrité, l'incantation essaye de faire descendre la Lune de son char, et elle y réussirait sans le retentissement des coups frappés sur le bronze. Pourquoi me plaindre, hélas ! qu'une formule magique, que des herbes aient fait ton malheur ? Non, la beauté n'use point des secours de la magie : c'est d'avoir touché son corps que vient ton mal, c'est de lui avoir donné de longs baisers, c'est d'avoir enlacé ta cuisse à sa cuisse.

Et toi, songe toutefois à ne pas être cruelle à ce garçon. Vénus châtie la dureté. Ne réclame pas de présents : c'est à l'amoureux en cheveux blancs de donner des présents, pour réchauffer contre un tendre sein ses membres refroidis. Plus précieux que l'or est le jeune homme dont le visage bien lisse brille et qui ne déchire pas d'une barbe rude celle qui l'embrasse ; passe sous ses épaules tes bras de marbre blanc, et méprise les immenses richesses de rois. D'ailleurs Vénus fait trouver le moyen de coucher furtivement avec l'adolescent qui, frissonnant, presse longuement sa jeune poitrine contre celle de sa maîtresse, de donner à sa bouche haletante d'humides baisers, langue contre langue, et d'imprimer sur son cou la marque des dents. Perles et pierreries ne sont pas utiles à celle qui, par le froid, doit dormir seule et n'exciter les désirs d'aucun homme. Hélas ! il est trop tard pour rappeler l'amour, pour rappeler la jeunesse, quand la blanche vieillesse a flétri une tête âgée. C'est alors qu'on court après la beauté : alors, pour dissimuler les années, on se teint la chevelure avec l'écorce verte de la noix ; alors on a soin d'arracher avec la racine les cheveux blanchis et de se refaire un visage jeune en effaçant les rides. Pour toi, jouis de ton printemps en fleur : il fuit d'un pas sans lenteur. Et ne torture point Marathus : quelle gloire y a-t-il à vaincre un enfant ? C'est aux vieillards caducs que tu dois être dure, jeune beauté. Épargne, de grâce, un adolescent : ce n'est pas l'épilepsie, c'est l'excès de son amour qui lui donne ce teint jaune.

Ainsi, le malheureux ! combien de fois l'absente lui fait pousser des plaintes amères et verser des torrents de larmes. « Pourquoi me dédaignes-tu ? » s'écrie-t-il. « Je pouvais triompher de tes gardiens : Amour lui-même a donné aux amoureux la faculté de tromper. Je sais l'art de goûter furtivement la jouissance, de retenir ma respiration, de ravir des baisers sans faire le moindre bruit ; et je puis, même en pleine nuit, me glisser à la dérobée et ouvrir une porte en cachette sans la faire crier. À quoi servent les artifices si la belle cruelle dédaigne le malheureux amant et fuit même de son lit ? Quelquefois elle me promet, mais soudain la perfide me trompe, et il me faut passer la nuit à veiller dans tous les tourments : je me figure qu'elle va venir ; au moindre mouvement, je crois entendre le bruit de ses pas. »

Renonce à pleurer, enfant : sa dureté ne se laisse pas briser, et voici que les larmes ont gonflé tes yeux fatigués.

Les dieux, Pholoé, je t'en préviens, détestent la superbe, et il est inutile alors de leur offrir l'encens sur leurs autels sacrés : Marathus, lui, se jouait autrefois des malheureux amants, ignorant qu'un dieu vengeur menaçait sa tête ; souvent même, dit-on, les larmes de la douleur le faisaient rire et il amusait les désirs en inventant des prétextes de retard ; maintenant il déteste tout orgueil, maintenant il peste contre le verrou qui lui ferme une porte inflexible. Ah ! toi aussi, le châtiment t'attend, si tu ne mets un terme à tes dédains ; combien de vœux tu feras pour rappeler le jour où je t'adresse ces avertissements.

IX

Pourquoi, si tu devais trahir mon malheureux amour, me faisais-tu, en prenant les dieux à témoin, des serments, pour les violer en secret ? Ah ! malheureux ! quand on réussit d'abord à cacher ses parjures, le Châtiment lent à venir n'en arrive pas moins à pas silencieux. Pitié pour lui, dieux du ciel : il est équitable que vous pardonniez à la beauté de trahir une fois votre puissance. C'est par désir du gain que le paysan attelle ses taureaux à la charrue qui s'y prête et active le dur travail de la terre, c'est pour chercher le gain qu'à travers les mers soumises aux vents les navires ballottés se dirigent sur des astres fixes : des présents ont séduit mon petit ami. Eh bien ! puisse un dieu réduire ces présents-là en cendre et en eau qui coule. Il va m'en porter la peine, sa beauté sera ternie par la poussière et le vent qui lui mettra la chevelure en broussaille ; le soleil brûlera son visage, brûlera ses cheveux, et une longue route usera ses faibles pieds.

Je l'ai averti tant de fois ! « Ne laisse pas l'or souiller tes charmes : souvent l'or recèle bien des maux. Celui qui, séduit par les richesses, viole son amour, encourt la colère et les rigueurs de Vénus. Brûle plutôt ma tête avec la flamme, blesse mon corps avec le fer, déchire mon dos à coups de fouet. Et n'espère pas me cacher le mal que tu médites : il y a un dieu qui empêche les ruses de demeurer dissimulées ; ce dieu précisément s'en remet à l'esclave silencieux du soin de parler librement dans l'ivresse ; ce dieu précisément pousse ceux que dompte le sommeil à proférer des mots et à révéler malgré eux leurs secrets. » Voilà ce que je disais : maintenant d'avoir pleuré en te parlant, maintenant de m'être jeté à tes pieds délicats me fait rougir.

Alors tu me jurais que ni la somme d'or la plus élevée ni les pierreries ne te feraient vendre ta foi, dût-on te donner pour prix la terre de Campanie, dût-on, te donner ce favori de Bacchus, le territoire de Falerne, – à l'entendre, j'aurais perdu l'idée qu'il y a des astres qui brillent au ciel et que la foudre éblouit en tombant ! – Tu allais jusqu'à pleurer : et moi, qui n'ai pas appris à tromper, j'étais assez crédule pour essuyer toujours tes joues humides.

Que ne ferais-je pas, si tu n'étais toi-même épris d'une jeune fille ? Mais puisse celle-là être, à ton exemple, légère. Ô que de fois, pour que vos entretiens n'eussent pas de témoin, ne t'ai-je pas moi-même accompagné, en pleine nuit, une torche à la main ! Souvent, contre ton attente, elle est venue à toi grâce à moi et s'est cachée derrière la porte fermée, la tête voilée. C'est alors que j'ai fait mon malheur et ma perte, par ma sotte confiance en ton amour : car je pouvais mieux me prémunir contre tes pièges. Bien plus, dans mon délire, je chantais tes louanges, et, aujourd'hui, j'en ai honte pour les Piérides et pour moi ; ces vers-là, je voudrais que la flamme dévorante de Vulcain les brûle ou que l'eau courante d'un fleuve les anéantisse. Toi, loin d'ici, va-t'en, toi qui songes à vendre ta beauté et à revenir la main pleine d'un riche présent.

Quant à toi, qui par tes dons as osé séduire un jeune garçon, que ta femme se joue de toi impunément par des ruses continuelles, et, après avoir en de furtives jouissances fatigué un jeune homme, qu'elle couche brisée auprès de toi, avec un peignoir qui vous sépare. Que ton lit porte toujours les traces des autres, que toujours ta demeure soit grande ouverte à leur convoitise ; et qu'on ne puisse dire que ta lascive sœur a bu plus de coupes ou mis hors de combat plus d'amants ; souvent, dit-on, elle prolonge ses festins bachiques jusqu'à l'heure où le char de Lucifer apparaît et ramène le jour ; nulle ne doit s'entendre mieux qu'elle à consommer sa nuit ou à ordonner toute la gamme des travaux amoureux. Eh bien ! ta femme a tout appris : et toi, sot fieffé, tu ne t'en aperçois pas, à l'art de ses mouvements auquel elle ne t'a point habitué. Crois-tu que c'est pour toi qu'elle ajuste sa coiffure ou qu'elle fait passer dans sa fine chevelure le peigne aux dents serrées ? Est-ce la figure que tu as qui la séduit au point qu'elle mette des bracelets d'or et se montre parée de la robe tyrienne ? Ce n'est pas pour toi, mais pour quelque jeune homme, qu'elle veut paraître jolie, et pour lui elle dévouerait aux dieux infernaux et ton patrimoine et ta maison ; et ce n'est pas le vice qui la pousse, mais des membres abîmés par la goutte et les embrassements d'un vieillard font fuir une jeune élégante.

C'est pourtant auprès de cet homme que s'est étendu mon jeune ami : il serait capable, je crois, de prendre son plaisir avec des animaux féroces.

Est-ce toi qui as osé vendre à d'autres des caresses qui étaient à moi, qui as osé, insensé, porter à d'autres des baisers qui étaient à moi ? Tu pleureras quand un autre amant me tiendra dans ses liens et sera le roi orgueilleux d'un cœur dont tu étais le roi. Et alors puisse ta peine faire ma joie, et ma reconnaissance offrir à Vénus une palme d'or que j'attacherai dans son temple et qui flétrira le mal que tu m'as fait : « Voici une palme que Tibulle, délivré d'un amour fallacieux, te consacre, ô déesse ; sois-lui agréable, il t'en conjure. »

X

Quel homme était celui qui le premier produisit l'horrible épée ? Quel être féroce, oui, quel cœur de fer il était celui-là ! Alors les meurtres, alors les combats naquirent pour le genre humain, et une route plus courte s'ouvrit à la cruelle mort. Ou plutôt ce malheureux fut-il en rien coupable, si c'est nous qui employons à notre destruction l'arme que, lui, nous a donnée contre les bêtes sauvages ? C'est la faute de l'or qui enrichit, et la guerre n'existait point au temps où ne se dressait devant les plats qu'une coupe de hêtre ; il n'y avait point de citadelles, point de palissade, et le gardien du troupeau s'endormait tranquille au milieu de ses brebis à la toison tachetée. Que n'ai-je vécu alors ! ô Valgius, je n'aurais pas connu les tristes armes ni senti mon cœur sauter aux accents de la trompette. Aujourd'hui on me traîne à la guerre, et déjà peut-être quelque ennemi porte le trait qui restera fixé dans mon flanc.

Ah ! protégez-moi, Lares de mes pères : c'est vous aussi qui m'avez nourri, lorsque, petit enfant, je courais à vos pieds. Et ne rougissez pas d'être taillés dans un vieux tronc : ainsi vous habitâtes l'antique demeure de mon aïeul. On observait mieux sa foi, quand, objet d'un culte pauvre, le dieu avait sa statue de bois dans une étroite chapelle. On l'apaisait en lui offrant une grappe de raisin, ou en ceignant d'une guirlande d'épis sa chevelure sacrée ; et celui dont le vœu était exaucé lui apportait lui-même des gâteaux et, derrière lui, marchait sa fille, toute petite, tenant un pur rayon de miel. Eh bien ! dieux Lares, écartez de nous les traits d'airain... et < vous aurez > comme victime une truie rustique de mon étable pleine ; je la suivrai avec un vêtement pur et je porterai une corbeille enguirlandée de myrte, ayant aussi des guirlandes de myrte sur la tête.

Puissé-je ainsi vous plaire ! Qu'un autre soit vaillant dans les combats ; qu'il terrasse, avec l'aide de Mars, les chefs ennemis, pour que je puisse en buvant entendre un soldat me raconter ses hauts faits et le voir tracer du doigt, avec du vin, son camp sur la table.

Quelle folie de courir sur les champs de bataille au-devant de la sombre Mort ? Elle est tout près et furtivement elle s'approche à pas silencieux. Il n'y a pas de moisson sous la terre, pas de riche vignoble, mais le farouche Cerbère et le hideux nocher de l'onde stygienne ; là-bas, les joues déchirées et les cheveux brûlés, erre, au bord du marais ténébreux, une foule blême. Ah ! bien plus enviable est celui qu'une vieillesse tardive vient surprendre au milieu de sa postérité, dans une humble chaumière ! Il va suivant ses brebis, tandis que son fils suit les agneaux, et quand il rentre fatigué, il trouve l'eau chaude qu'a préparée sa femme. Ainsi je voudrais vivre ! Puissé-je voir mes cheveux devenir blancs et, vieillard, raconter les histoires du temps passé !

Cependant que la Paix féconde nos campagnes : la Paix éclatante de blancheur a la première conduit sous le joug recourbé les bœufs pour le labourage ; la Paix a nourri la vigne et renfermé le jus de la grappe, pour que la jarre remplie par le père versât au fils le vin pur ; la Paix fait reluire hoyau et soc, tandis que les tristes armes du rude soldat sont, dans un coin obscur, surprises par la rouille… et, de retour du bois sacré, le paysan, un peu gris, lui, ramène en chariot femme et enfants à la maison.

Mais alors les luttes de Vénus sont chaudes, et la jeune femme éclate en plaintes contre celui qui lui a arraché les cheveux et a brisé sa porte ; les pleurs coulent sur ses tendres joues quelque peu meurtries : mais le vainqueur de son côté pleure du beau résultat obtenu par ses mains égarées ; cependant le folâtre Amour attise la querelle par les méchants mots qu'il suggère et reste assis impassible entre les deux combattants irrités. Ah ! c'est une pierre, un cœur de fer, celui qui frappe son amie : il précipite les dieux du haut du ciel. Qu'il suffise de déchirer et d'arracher de son corps son léger vêtement, qu'il suffise de défaire sa coiffure, qu'il suffise de lui tirer des larmes : quatre fois heureux l'amant dont la colère peut faire pleurer sa délicate amie ; mais celui qui a la main cruelle n'est propre qu'à porter bouclier et pieu et doit se tenir loin de la douce Vénus.

Ah ! viens à nous, Paix bienfaisante, un épi à la main, et laisse échapper à tes pieds les fruits du pli de ta robe blanche.

GROUPEMENT DE TEXTES

I — LIBERTINAGE ET FIDÉLITÉ

1. L'apprentissage de la galanterie

Plaute, *Asinaria*, vers 176-214

Le jeune Diabole a dépensé tout son argent chez la maquerelle Cléérète ; il aime la fille de la maison, Philénie, mais celle-ci est étroitement gardée par sa mère qui entend vendre les faveurs de sa fille au plus offrant. Argyripe, fils de Déménète, cherche désespérément la somme nécessaire pour s'assurer pendant un an l'exclusivité de la jeune courtisane. Avec l'aide de son père Déménète, il parvient à réunir la somme : le marché est conclu mais Déménète exige que la première nuit de Philénie soit pour lui. Diabole (le « mouchard ») dénonce à Artémone, femme de Déménète, la conduite scandaleuse de son vieux mari… Et tout finit par rentrer dans l'ordre.

DI. — Mihi quidem te parcere aequomst[1] tandem, ut tibi durem diu.
CL. — Non tu scis ? quae amanti parcet, eadem sibi parcet parum.
Quasi piscis itidemst[2] amator lenae : nequam est nisi recens.
Is habet sucum, is suavitatem ; eum quovis pacto condias[3],
vel patinarium, vel assum ; verses[4] quo pacto lubet.
Is dare volt, is se aliquid posci ; nam ibi de pleno[5] promitur,
neque ille scit quid det, quid damni[6] faciat ; illi rei studet :
volt placere sese amicae, volt mihi, volt pedisequae[7],
volt famulis, volt etiam ancillis, et quoque catulo meo

subblanditur novus amator, se ut quom videat gaudeat.
Vera dico ; ad suum quemque hominem quaestum[8] esse aequomst callidum.
DI. — Perdidici istaec esse vera damno cum magno meo.
CL. — Si ecastor nunc habeas quod des, alia verba praehibeas.
Nunc quia nihil habes, maledictis te eam ductare[9] postulas.
DI. — Non meum[10] est. CL. — Nec meum quidem edepol, ad te ut mittam gratiis.
Verum aetatis atque honoris gratia hoc fiet tui :
quia nobis lucro[11] fuisti potius quam decori tibi,
si mihi dantur duo talenta argenti numerata in manum,
hanc tibi noctem honoris causa gratiis dono dabo.
DI. — Quid si non est[12] ? CL. — Tibi non esse credam ; illa alio[13] ibit tamen.
DI. — Ubi illaec quae dedi ante ? CL. — Abusa[14] : nam si ea durarent mihi,
mulier mitteretur ad te, numquam quicquam poscerem.
Diem, aquam, solem, lunam, noctem, haec argento non emo.
Quom a pistore panem petimus, vinum ex oenopolio[15],
si aes habent, dant mercem. Eadem nos disciplina[16] utimur :
semper oculatae manus sunt nostrae, credunt quod vident.
DI. — Aliam nunc mihi orationem despoliato praedicas[17].
Longe aliam, inquam, praebes nunc atque olim quom dabam,
aliam atque olim, quom inliciebas me ad te blande ac benedice.
Tum mihi aedes quoque arridebant, cum ad te veniebam, tuae.
Me unice unum ex omnibus te atque illam amare aibas mihi.
Ubi quid dederam, quasi columbae pulli[18] in ore ambae meo
usque eratis, meo de studio[19] studia erant vostra omnia.
usque adhaerebatis[20] ; quod ego jusseram, quod volueram,
faciebatis ; quod nolebam ac vetueram, de industria[21]
fugiebatis neque conari id facere audebatis prius.
Nunc neque quid velim neque nolim facitis magni[22], pessumae.

NOTES

1. *aequom est* = *aequum est* (élision de la finale *-um* devant une voyelle, *cf. itidemst* au vers suivant) : « il est, il serait normal » ; l'expression est reprise, vers 11.

2. *itidem,* adverbe : « de la même manière », constr. *itidem quasi :* « comme si », appréciez l'ordre des mots ; *nequam,* forme renforcée de la négation utilisée comme injure, d'où l'emploi en fonction d'attribut : « vaurien », il existe un comparatif *nequior,* un superlatif *nequissimus.*

3. *condio, -is, -ire, -ivi, -itum* : « assaisonner, accommoder (un plat) » ; le subjonctif s'explique par l'interrogation indirecte ; *quo pacto* = *quomodo ; patina, -ae,* f. : « casserole », d'où *patinarius* : « au court-bouillon » ; *assus* (doublet de *arsus*) : « grillé », *cf. ardere, aridus,* etc.

4. *versare,* fréquentatif de *verto* : « retourner », le subjonctif dans la principale indique la possibilité, *quo (pacto)* introduit ici une relative.

5. *de pleno :* « d'un coffre plein » ; *promo, -is, -ere, prompsi, promptum* : « prendre (dans), tirer » (de l'argent).

6. *quid damni faciat :* « combien il dépense », *damni* est le complément au génitif du pronom ; *quid illi rei* annonce ce qui va suivre : « une seule chose l'intéresse ».

7. *pedisequa, -ae,* f. : « suivante », esclave attachée au service d'une personne ; notez l'emploi de la proposition infinitive, *sese placere,* complément d'un verbe de volonté ; vers 10, le réfléchi renvoie au sujet de *gaudeat* (*amator),* le sujet de *videat* est *amica.*

8. *quaestus, -us,* m. : « métier, profit » ; *ad suum quaestum esse* : « s'intéresser à son propre profit ».

9. *ductare* : « prendre pour femme », fréquentatif de *duco* : « épouser » (en parlant du mari) ; *maledictis,* à l'ablatif, indique le moyen ou le prix du marché : « en payant avec de mauvaises paroles », on attendait plutôt *benedictis, blanditiis !* À cette expression s'oppose *gratiis* au vers suivant.

10. *non meum est :* « ce n'est pas mon style, ma manière ».

11. *nobis lucro fuisti :* « tu nous as bien rapporté » (double datif, trait de la langue parlée), est opposé à *decori tibi* ; il faut admettre un changement de sujet (= *fuimus*) : « nous t'avons fait honneur ».

12. *si non est (pecunia* sous-entendu) : « si nous n'avons pas la somme », évidemment énorme, le talent d'argent attique pesait plus de 25 kilos ! ; *numerata in manum* : « payés en mains propres » (le talent n'est pas une monnaie mais une unité de compte).

13. *alio*, adv. de lieu (question *quo ?*) : « ailleurs ».

14. *abusa,* emploi (très rare) du participe d'un verbe déponent au sens passif : « dépensés ».

15. *oenopolium, -ii,* n. : « boutique du marchand de vin », le mot est grec ; les « maquerelles » dans le théâtre de Plaute avaient la réputation de boire abondamment ; *quom* est l'orthographe ancienne de la conjonction *cum.*
16. *disciplina, -ae,* f. : « système, théorie » ; *oculatus :* « vigilant », ici au sens propre : « pourvu d'yeux ».
17. *praedicare :* « dire publiquement » ; *despoliato (mihi) :* « maintenant que je suis à sec, que tu m'as plumé » ; *aliam ... atque* : « autre que, différent de ».
18. *columbae pulli :* « les petits de la colombe », évocation pittoresque des oisillons à la becquée.
19. *de studio :* « par rapport à mes goûts, selon ce que j'aimais ».
20. *adhaereo, -ere* : « être collé à, ne pas quitter » ; *usque,* adv. : « constamment ».
21. *de industria* : « avec soin, empressement » ; *prius = olim :* « autrefois ».
22. *neque ... facitis magni :* « vous ne faites aucun cas », adverbe formé sur le génitif de l'adjectif (estime).

Questions

1. Relevez les expressions en rapport avec l'argent. Imaginez les jeux de scène accompagnant les marchandages.

2. Précisez la nature des reproches que s'adressent mutuellement les personnages ? Qui possède les meilleurs arguments ?

3. Quel est le rôle de l'entremetteuse ? Trouvez-vous que son discours soit bien adapté au métier qu'elle fait ?

2. Le mal aimé

Catulle, *Carmina*, 76

Lesbie, la jeune femme que le poète a aimée et chantée, l'a quitté pour un autre, sans doute Caelius, le jeune ami de Cicéron. Catulle exprime sa souffrance dans des vers qui attestent son désarroi et sa sincérité ; il se tourne vers les dieux, conscient d'avoir mérité, par la pureté de sa vie et par sa piété, la guérison qu'il appelle de ses vœux.

Si qua recordanti[1] benefacta priora voluptas
est homini, cum se cogitat esse pium,
nec sanctam violasse fidem, nec foedere nullo
divum[2] ad fallendos numine abusum homines,
multa parata manent tum in longa aetate, Catulle,
ex hoc ingrato[3] gaudia amore tibi.
Nam quaecumque homines bene cuiquam aut dicere possunt
aut facere, haec a te dictaque factaque sunt ;
omniaque ingratae[4] perierunt credita menti.
— Quare cur te jam amplius excrucies ?
Quin tu animum[5] offirmas atque istinc teque reducis
et dis invitis desinis esse miser ?
— Difficile est longum subito deponere amorem.
— Difficile est, verum hoc qua lubet efficias[6].
Una salus haec est, hoc est tibi pervincendum ;
hoc facias, sive id non pote sive pote[7].
« O dei, si vestrum[8] est misereri, aut si quibus umquam
extremam jam ipsa in morte tulistis opem,
me miserum aspicite et, si vitam puriter egi,
eripite[9] hanc pestem perniciemque mihi,
quae mihi subrepens imos[10] ut torpor in artus
expulit ex omni pectore laetitias.
Non jam illud quaero, contra ut me diligat illa,
aut, quod non potis est, esse pudica velit ;
ipse valere opto et taetrum hunc deponere morbum.
O dei, reddite[11] mi hoc pro pietate mea. »

NOTES

1. *recordor, -ari :* « se représenter, se rappeler ; évoquer » ; *qua … voluptas* : « un (certain) plaisir », *qua,* adjectif indéfini, fém. sing.

2. *divum* = *deorum*, c'est la forme phonétique, *-um* est l'ancienne désinence de génitif pluriel à la 2e déclinaison, le paradigme a été ensuite refait sur le thème *de-*, tandis que *div-* s'est spécialisé dans les emplois d'adjectif ; *abuti* + ablat. : « faire mauvais usage » ou « un usage excessif de » : quelle nuance vous paraît préférable ici ? ; *numen, -inis,* n. : « puissance, volonté divine ».

3. *ingratus, -a, -um* : « non payé de retour » : c'est le « faux amour » ; constr. *multa … gaudia … (tibi) parata (te) manent* : « beaucoup de joies, obtenues par tes mérites, t'attendent ».

4. *ingratae … credita menti :* (tous mes faits et gestes) « confiés à une ingrate (une âme ingrate) » ; *pereo, -ire* fonctionne comme le passif de *perdo.*

5. *animum offirmare* : « durcir son cœur ; se ressaisir » ; *quin,* adverbe interrogatif : « pourquoi, comment ne… pas ? » ; *dis invitis :* « puisque les dieux te sont contraires malgré les dieux » ; *cf.* Tibulle, I, 5, v. 20 et n. 12.

6. *hoc efficias,* subjonctif à valeur d'impératif : « parviens-y » ; *qua lubet :* « comme tu voudras, comme il te plaira ».

7. *pote,* neutre de l'adjectif *potis,* le verbe composé *potest* n'est pas susceptible d'emplois impersonnels : « il est possible ».

8. *vestrum,* adjectif possessif au neutre, attribut de l'infinitif *misereri :* « avoir pitié, prendre en pitié », le verbe ne reçoit pas de complément, l'expression est générale.

9. *eripio, -is, -ere, -ripui, -reptum aliquid alicui :* « enlever, arracher quelque chose à quelqu'un » ; *pestem (pestis, -is,* f.) *perniciemque* (*pernicies, -ei,* f., *cf. nex, necare, noceo,* etc.) : « ce mal et ce fléau », notez l'allitération et la ressemblance des finales.

10. *imus, -a, -um :* « qui est au fond de », forme de superlatif (*cf. summus,* etc.) rattaché à la préposition *in ; artus, -us,* m. : « membre » ; *imos in artus* : « dans mon être le plus intime ; au fond de mon cœur »

11. *reddite mi (= mihi) hoc pro… :* « accordez-moi cette faveur en échange de, pour me récompenser de (ma piété) ».

Questions

1. Étudiez l'usage de la seconde personne (du singulier et du pluriel), classez les emplois : à qui le poète s'adresse-t-il successivement ?

2. Dégagez les mouvements du texte. Quelle place revient aux dieux ? Définissez le mot *pietas.*

3. Soulignez les contradictions du poète. Caractérisez le style de l'élégie. Certains mots ou termes apparentés apparaissent plusieurs fois : citez-les, précisez leur sens et les procédés de mise en valeur.

3. La vertu de Lucrèce

Tite-Live, *Histoire de Rome*, I, 57-58

Nous sommes en 509 av. J.-C. : l'armée de Tarquin le Superbe campe devant Ardée. Dans l'entourage du roi, les jeunes officiers s'ennuient ; Sextus, fils de Tarquin, soutient devant son cousin Collatin que sa femme est la plus vertueuse ; ce dernier, prêt à relever le défi, propose de vérifier sur place...

Regii quidem juvenes interdum otium[1] conviviis comissationibusque inter se terebant. Forte potantibus his apud Sex. Tarquinium, ubi et Collatinus cenabat Tarquinius, Egeri filius, incidit[2] de uxoribus mentio. Suam quisque laudare miris modis ; inde certamine accenso Collatinus negat verbis opus esse ; paucis id quidem horis posse sciri quantum ceteris praestet Lucretia sua. « Quin[3], si vigor juventae inest, conscendimus equos invisimusque praesentes nostrarum ingenia ? Id cuique spectatissimum sit quod necopinato viri adventu occurrerit oculis ». Incaluerant vino ; « Age sane » omnes ; citatis[4] equis avolant Romam. Quo cum primis[5] se intendentibus tenebris pervenissent, pergunt inde Collatiam, ubi Lucretiam haudquaquam ut regias nurus[6], quas in convivio lusuque cum aequalibus viderant tempus terentes, sed nocte sera deditam lanae inter lucubrantes[7] ancillas in medio aedium sedentem inveniunt. Muliebris certaminis laus penes Lucretiam fuit. Adveniens vir Tarquiniique excepti benigne victor maritus comiter invitat regios juvenes. Ibi Sex. Tarquinium mala libido Lucretiae per vim stuprandae[8] capit ; cum forma tum spectata castitas incitat. Et tum quidem ab nocturno juvenali ludo in castra redeunt.

Paucis interjectis diebus Sex. Tarquinius inscio Collatino cum comite uno Collatiam venit. Ubi exceptus benigne ab ignaris[9] consilii cum post cenam in hospitale cubiculum deductus esset, amore ardens, postquam satis tuta circa sopitique omnes videbantur, stricto gladio ad dormientem Lucretiam venit sinistraque manu mulieris pectore oppresso : « Tace, Lucretia » inquit « Sex. Tarquinius sum ; ferrum in manu est ; moriere[10], si emiseris vocem ». Cum pavida ex somno mulier nullam opem, prope mortem imminentem videret, tum Tarquinius fateri amorem, orare, miscere precibus minas, versare in omnes partes muliebrem animum. Ubi obstinatam videbat et ne mortis quidem metu inclinari, addit ad metum dedecus : cum mortua[11] jugulatum servum nudum positurum ait, ut in sordido adulterio necata dicatur. Quo terrore cum vicisset obstinatam pudicitiam velut[12] victrix libido, profectusque inde Tarquinius ferox expugnato decore muliebri esset, Lucretia maesta tanto malo nuntium Romam eumdem ad patrem Ardeamque ad virum mittit, ut cum singulis fidelibus amicis veniant ; ita facto maturatoque opus[13] esse ; rem atrocem incidisse. Sp. Lucretius cum P. Valerio Volesi filio, Collatinus cum L. Junio Bruto[14] venit, cum quo forte Romam rediens ab nuntio uxoris erat conventus.

Lucretiam sedentem maestam in cubiculo inveniunt. Adventu suorum lacrimae obortae[15], quaerentique viro « Satin salve ? » « Minime » inquit ; « quid enim salvi est mulieri amissa pudicitia ? Vestigia viri alieni, Collatine, in lecto sunt tuo ; ceterum corpus est tantum violatum, animus insons mors testis erit. » [...] Consolantur aegram animi[16] avertendo noxam ab coacta in auctorem delicti : mentem peccare, non corpus, et unde consilium afuerit culpam esse. « Vos » inquit « videritis[17] quid illi debeatur ; ego me etsi peccato absolvo, supplicio non libero nec ulla deinde impudica Lucretiae exemplo vivet ». Cultrum, quem sub veste abditum habebat, cum in corde refugit, prolapsaque in vulnus moribunda cecidit. Conclamat vir paterque.

NOTES

1. *otium terere* : « passer ses loisirs, tromper son ennui », *cf.* *terere tempus,* ligne 13 ; *comissationes* : « parties de plaisir ; soirées », mot tiré du grec κομάζω : « faire la fête » (*cf.* comédie), désigne en particulier les dîners, bien arrosés comme le montre l'anecdote, accompagnés de musique.

2. *incidit de uxoribus mentio :* « la conversation tomba sur leurs épouses » ; petit-fils de Tarquin l'Ancien, ce fils d'Égérius, appelé Collatin, était le cousin de Sextus.

3. *Quin ... conscendimus* : « Pourquoi ne prenons-nous pas nos chevaux », ce type de phrase, assez fréquent, équivaut à un impératif ; *nostrarum ingenia :* « le comportement de nos femmes ».
4. *citatis equis* : « à bride abattue ».
5. *primis intendentibus tenebris* : « quand l'obscurité commençait à s'étendre », l'expression est assez recherchée ; *quo,* adverbe relatif de liaison : « ici », à Rome (Ardée se trouvait à 35 km au sud de Rome, Collatie où ils se rendent ensuite était à une quinzaine de kilomètres à l'est de la ville).
6. *nurus, -us,* f. : « belle-fille ».
7. *lucubrare* : « travailler à la lumière de la lampe » ; *nocte sera :* « tard dans la nuit » : appréciez le contraste entre les deux scènes ; *laus, laudis,* f. : « palme, récompense ».
8. *per vim stuprare* : « prendre de force, déshonorer » ; *cum ... tum :* « d'une part, d'autre part surtout » ; *ab nocturno juvenali ludo* : « après avoir passé la nuit aux amusements de leur âge ».
9. *ignarus -a, -um* + gén. : « qui ignore », *ab ignaris consilii* : « par des personnes qui ignoraient ses intentions », Sextus n'a évidemment pas de complice dans la maison.
10. *moriere :* « tu mourras » ; *emittere vocem :* « prononcer un mot ».
11. *cum mortua :* « à côté de ton cadavre ».
12. *velut victrix libido* : « sa passion en quelque sorte victorieuse, victorieuse en apparence », notez le rapprochement avec *vicisset* ; constr. *(cum) profectus ... esset.*
13. *opus est :* « il faut », constr. avec le participe neutre à l'ablatif, *ita facto maturatoque opus esse* : « c'est nécessaire et urgent ».
14. Brutus, neveu de Tarquin le Superbe (qui simula longtemps la sottise pour réussir un jour à renverser la monarchie), et Valérius furent consuls en 509, Valérius remplaçait Tarquin Collatin, rapidement évincé à cause, dit-on alors, du nom qu'il portait ; *convenio :* « rencontrer », ici au passif (le verbe est généralement intransitif) ; notez *cum quo = quocum.*
15. *oborior, -eris, -iri, obortus sum :* « jaillir, couler », expression usuelle ; *salve,* adverbe : « en bonne santé », *satin salve ?* : « tu vas bien ? » ; Lucrèce répond en prenant l'expression au sens propre : *quid salvi est mulieri ?* « comment une femme peut-elle bien se porter ? » (m. à m. qu'y a-t-il de bien portant ?).
16. *aegra animi :* « moralement touchée, en proie au tourment » ; *avertere noxam ab ... in ... :* « en faisant retomber la culpabilité non sur (elle, qui avait été contrainte) mais sur (lui, le responsable de la faute) ».
17. *videritis,* futur antérieur : « à vous de voir », « c'est votre affaire », expression familière ; *illi,* au datif, représente bien entendu Sextus.

Questions

1. Étudiez le vocabulaire de la faute et de la punition. Quelles circonstances rendent la conduite de Sextus Tarquin particulièrement scandaleuse ici ?

2. Appréciez l'art du récit ; étudiez la structure des phrases. Montrez en particulier comme tout semble s'enchaîner naturellement : quelle conclusion peut-on tirer touchant l'authenticité de l'anecdote ?

3. Quel sens Lucrèce donne-t-elle à sa mort ? L'historien laisse-t-il apparaître son indignation ?

4. La poésie érotique

Ovide, *Tristes*, II, vers 313-358

Relégué à Tomes par Auguste (la relégation était moins sévère que l'exil : le condamné conservait ses droits de citoyen, mais Ovide ne revint jamais !), pour une raison qui demeure en grande part obscure, Ovide écrit à sa femme ou à des amis, dont il tait le nom pour éviter de les compromettre. Dans ces lettres, il leur demande d'intercéder pour lui auprès de l'empereur. Il donne ici une des raisons de son exil, sans doute n'est-elle pas la plus grave : la publication de l'Art d'aimer, *qui fut en fait retiré des bibliothèques par ordre du prince. Le poète défend ici la liberté d'inspiration et refuse l'amalgame de la vie personnelle avec la fiction poétique.*

At cur in nostra nimia est lascivia[1] Musa,
   curve meus cuiquam suadet amare liber ?
Nil nisi peccatum[2] manifestaque culpa fatenda est :
   paenitet ingenii judiciique mei.
Cur non, Argolicis[3] potius quae concidit armis,
   vexata est iterum carmine Troia meo ?
Cur tacui Thebas et mutua vulnera fratrum
   et septem portas[4] sub duce quamque suo ?
Nec mihi materiam bellatrix Roma negabat,
   et pius est patriae facta referre labor.
Denique, cum meritis[5] impleveris omnia, Caesar,
   pars mihi de multis una canenda fuit ;
utque trahunt oculos radiantia lumina solis,
   traxissent animum sic tua facta meum.
Arguor[6] immerito. Tenuis mihi campus aratur ;
   illud erat magnae fertilitatis opus.
Non ideo debet pelago[7] se credere, si qua
   audet in exiguo ludere cumba lacu.
Forsan et hoc dubitem[8] numeris levioribus aptus
   sim satis, in parvos sufficiamque modos. [...]
Ad leve rursus opus, juvenalia carmina, veni
   et falso movi pectus amore meum.

Non equidem vellem[9], sed me mea fata trahebant,
inque meas poenas ingeniosus eram.
Ei mihi, quid didici ? cur me docuere parentes
litteraque est oculos ulla morata meos ?
Haec tibi me invisum[10] lascivia fecit ob Artes
quas ratus es vetitos sollicitasse toros.
Sed neque me nuptae[11] didicerunt furta magistro,
quodque parum novit, nemo docere potest.
Sic ego delicias et mollia carmina feci,
Strinxerit[12] ut nomen fabula nulla meum ;
nec quisquam est adeo media de plebe maritus
ut dubius[13] vitio sit pater ille meo.
Crede mihi, distant mores a carmine nostro —
vita verecunda est Musa jocosa mea —
magnaque pars mendax operum est et ficta meorum ;
plus sibi permisit compositore suo.
Nec liber indicium[14] est animi, sed honesta voluntas
plurima mulcendis auribus apta ferens.

NOTES

1. *lascivia, -ae,* f. : « libertinage, inspiration érotique » ; *curve :* « ou pourquoi ? ».
2. *nihil nisi peccatum,* équivalent d'une forte affirmation : « je suis sûtrement coupable » ; *paenitet* + gén. : « regretter » ; *ingenium, -ii,* n. : « talent, inspiration » ; *judicium, -ii,* n. : « goût, choix ».
3. *Argolica … arma* : « les armes d'Argos », la guerre de Troie dirigée par Agamemnon, généralement considéré par Homère comme le roi d'Argos (parfois de Mycènes) ; *vexata est iterum Troia* : « Troie a été une seconde fois battue » ; on peut songer à l'expression de Virgile *(Énéide* II, 3).
4. Les sept Portes de Thèbes : la ville fut assiégée par les sept chefs venus à l'appel de Polynice, dépossédé par Étéocle du pouvoir après la mort d'Œdipe : c'est le sujet de la tragédie d'Eschyle.
5. *merita, -orum,* n. pl. : « exploits, hauts faits » ; constr. *una pars de multis :* « une fraction de l'ensemble, un sujet parmi tant d'autres ».
6. *arguo, -is, -ere, argui, argutum* : « accuser, déclarer coupable » ; *magnae fertilitatis,* génitif qualifiant *opus :* « (une œuvre) réclamant un riche terrain ».

7. *pelagus, -i,* n. : « haute mer », emprunt au grec, terme poétique ; ici au datif complément de *se credere :* « se confier à » ; *ideo... si* + indic. : « pour cette raison... s'il est vrai que » ; (*qua...*) *cumba, -ae,* f. : « barque, embarcation légère ».
8. *dubitare,* d'abord complété par un pronom à l'accusatif (*et hoc :* « j'hésite aussi sur ce point »), est ensuite suivi de deux interrogatives indirectes au subjonctif (*sim sufficiamque)* directement jointes au verbe ; le subjonctif présent *dubitem* est entraîné par *forsan :* « peut-être ».
9. *non equidem vellem* : « j'aurais bien voulu l'éviter », le subjonctif imparfait exprime le regret.
10. *tibi ... invisum* : « détesté de toi » ; *vetitos toros :* « des lits (des amours) interdits » ; *Artes* désigne essentiellement l'*Ars amatoria ;* on peut y joindre *Remedia amoris* et *De medicamine faciei feminae.*
11. *nuptae :* des femmes mariées (*nubo, -is, -ere, nupsi, nuptum)* ; *me... magistro,* ablatif absolu : « par mes leçons » ; *furtum, -i,* n. : « amour illicite » comme souvent chez Tibulle (I, 5, v. 7, n. 4) et les autres élégiaques.
12. *stringo, -is, -ere, strinxi, strictum :* « effleurer » ; *ut fabula nulla :* « sans qu'aucun récit » (atteigne mon nom, ma réputation).
13. *dubius, -a, -um* : « hésitant, douteux » (dont la paternité est douteuse) ; *vitio... meo* : « par ma faute ».
14. *indicium, -ii,* n. : « dénonciation ».

Questions

1. Les arguments du poète protestant de son innocence vous paraissent-ils convaincants ? Appréciez leur valeur et l'ordre dans lequel ils sont donnés. Que faut-il penser des vers 11-14 ? Sur qui Ovide fait-il retomber la responsabilité de ses erreurs ?

2. Ovide exprime sa pensée dans des expressions imagées. Relevez celles qui vous paraissent les plus significatives et commentez-les.

3. Quelle conception de la littérature soutient la défense présentée par le poète ?

5. Le mari trompé

Apulée, *Métamorphoses*, IX, 5-7

Le récit de la métamorphose de Lucius en âne et son retour à la forme humaine est entrecoupé de contes dont le plus long et le plus célèbre est celui qui raconte les amours de Psyché. L'histoire du mari trompé s'inscrit dans la tradition de la fable milésienne. La situation n'est pas nouvelle, mais les personnages sont bien observés et le récit allègrement conduit. La Fontaine a repris l'anecdote dans un de ses Contes, *le Cuvier.*

Is gracili pauperie[1] laborans fabriles operas praebendo parvis illis mercedibus vitam tenebat. Erat ei tamen uxorcula etiam satis quidem tenuis et ipsa, verum tamen postrema lascivia famigerabilis[2]. Sed die quodam, dum matutino ille ad opus susceptum proficiscitur, statim latenter inrepit[3] ejus hospitium temerarius adulter. Ac dum Veneris conluctationibus securius operantur[4], maritus ignarus[5] rerum ac nihil etiam tum tale suspicans improvisus hospitium repetit. Jamque clausis et obseratis foribus uxoris laudata continentia januam pulsat, sibilo etiam praesentiam suam denuntiante. Tunc mulier callida et ad hujus modi flagitia perastutula[6] tenacissimis amplexibus expeditum hominem dolio, quod erat in angulo semiobrutum, sed alias vacuum, dissimulanter abscondit, et patefactis aedibus adhuc introeuntem[7] maritum aspero sermone accipit. « Sicine vacuus et otiosus insinuatis manibus[8] ambulabis mihi nec obito consueto labore vitae nostrae prospicies[9] et aliquid cibatui parabis ? At ego misera pernox et perdia lanificio nervos meos contorqueo[10], ut intra cellulam nostram saltem lucerna luceat. Quanto me felicior Daphne vicina, quae mero et prandio matutino saucia[11] cum suis adulteris volutatur ! »

Sic confutatus[12] maritus : « Et quid istic est ? » ait « Nam licet forensi negotio officinator[13] noster attentus ferias nobis fecerit, tamen hodiernae cenulae nostrae prospexi. Vide sis[14] ut dolium, quod semper vacuum, frustra locum detinet tantum et re vera praeter[15] impedimentum conversationis nostrae nihil praestat amplius. Istud ego sex denariis cuidam venditavi, et adest ut dato pretio secum rem suam ferat. Quin itaque praecingeris[16] mihique manum tantisper accommodas, ut exobrutum protinus tradatur emptori ! »

E re nata[17] fallaciosa mulier temerarium tollens cachinnum : « Magnum » inquit « istum virum ac strenuum negotiatorem nacta sum, qui rem, quam ego mulier et intra hospitium contenta[18] jamdudum septem denariis vendidi, minoris distraxit ». Additamento[19] pretii laetus maritus, « Et quis est ille » ait « qui tanto praestinavit ? » At illa : « Olim, inepte » inquit « descendit in dolium sedulo soliditatem ejus probaturus ».

Nec ille sermoni mulieris defuit[20], sed exsurgens alacriter : « Vis » inquit « verum scire, mater familias ? Hoc tibi dolium nimis vetustum est et multifariam[21] rimis hiantibus quassum » ; ad maritumque ejus dissimulanter conversus : « Quin tu, quicumque es, homuncio[22], lucernam » ait « actutum mihi expedis, ut erasis intrinsecus sordibus diligenter aptumne[23] usui possim dinoscere, nisi nos putas aes de malo habere[24]. » Nec quicquam moratus ac suspicatus acer et egregius ille maritus accensa lucerna : « Discede » inquit, « frater, et otiosus adsiste, donec probe percuratum istud tibi repraesentem » et cum dicto[25] nudatus ipse delato lumine scabiem vetustam cariosae testae occipit exculpere.

At vero adulter bellissimus ille pusio[26] inclinatam dolio pronam uxorem fabri superincurvatus secure dedolabat[27]. Ast illa capite in dolium demisso maritum suum astu meretricio tractabat[28] ludicre hoc et illud et aliud et rursus aliud purgandum demonstrat digito suo, donec utroque opere perfecto[29] acceptis septem denariis calamitosus faber collo suo gerens dolium coactus est ad hospitium adulteri perferre.

NOTES

1. *pauperies, -ei,* f. = *paupertas, -atis* ; *fabrilis,* adj. tiré de *faber, -bri* : « d'ouvrier ».
2. *famigerabilis, -e :* « qui défraie la chronique, fait parler de soi ».
3. *inrepo, -is, -ere, -repsi, -reptum* : « se faufiler, entrer subrepticement », ici construit avec l'accusatif complément de *in-*.
4. *operari* + datif : « se livrer, se consacrer à » ; *securius,* comparatif de l'adverbe *secure* : « en toute sécurité »
5. *ignarus rerum* : « ignorant la situation », l'expression est intentionnellement emphatique ; *nihil etiam tum tale suspicans* : « n'ayant encore aucun soupçon d'une telle infortune ».
6. *perastutulus, -a, -um :* « tout à fait rusé, très maligne pour » ; *tenacissimi amplexus* : « étreintes passionnées » ; *expedire :* « débarrasser, délivrer » ; *dolio... abscondit :* « elle le cache dans une jarre ».
7. *adhuc introeuntem maritum* : « son mari qui entrait tout juste, dès son arrivée ».
8. *insinuatis manibus :* mot à mot, les mains dans les plis de son vêtement, on peut traduire : « bras croisés », « mains dans les poches » ; *obire laborem :* « s'acquitter de sa tâche, faire son travail ».
9. *prospicere* + datif : « veiller à, pourvoir à » ; les futurs *ambulabis, prospicies* et *parabis* dans l'interrogative expriment l'indignation ; *cibatus, -us* : « nourriture ».
10. *contorqueo, -ere* : « tordre, déformer » (ses doigts, exactement ses muscles).
11. *saucius, -a, -um* : « blessé, en mauvais point » ; l'adjectif *matutinus* porte à la fois sur *merum* (vin pur) et *prandium* (déjeuner) ; *volutari :* « se vautrer, passer son temps vautré ».
12. *confutare*, terme de l'éloquence judiciaire : « convaincre (d'une faute) ». *Et quid istic est ?* : « Qu'est-ce qui te prend ? ». *Nam* répond à une idée sous-entendue (tu as tort car...).
13. *officinator, -oris,* m. : « patron, celui qui donne du travail » ; *forense negotium* : « procès » ; *attentus* + dat. : « pris par, préoccupé par ».
14. *sis = si vis :* « s'il te plaît » ; *vide ut* : « vois comme », la valeur du verbe s'est affaiblie et la phrase est contruite comme une exclamative directe (*ut... detinet... praestat*).
15. *praeter impedimentum conversationis* : « à part nous empêcher de bouger » ; *conversatio, -onis,* f. : « fait de se tenir dans un endroit ».
16. *quin praecingeris* (2e pers. du futur au passif) : « relever sa tunique », « retrousser ses manches » ; *quin* + verbe au futur a une valeur proche de l'impératif ; *tantisper :* « un instant » ; *accommodare* : « donner un coup de main ».
17. *e re nata* : « étant donné les circonstances, dans une telle situation » ; *cachinnus, -i,* m. : « éclat de rire ».

18. *contenta,* participe de *contineo* : « enfermée, retenue sans bouger d'ici » ; *distrahere* : « se défaire de, céder » ; *minoris* est un génitif de prix ou d'estime : « moins cher ».
19. *additamentum pretii* : « augmentation du prix, surenchère » ; *praestinare :* « fixer un prix, acheter ».
20. *nec... defuit* : « il ne resta pas en reste ; il abonda dans son sens ».
21. *multifariam,* adv. : « fendu de partout » ; *rima, -ae,* f. : « fente, fissure » : la jarre en argile, poreuse, était moisie à l'intérieur.
22. *homuncio,* dim. de homo : « mon bonhomme » ; *actutum,* adv. : « rapidement ».
23. *(ut) aptumne usui (sit) possim dinoscere* : « pour que je puisse savoir si elle peut servir à quelque chose ».
24. *nisi nos putas aes de malo habere* : « à moins que tu penses que je gagne malhonnêtement mon argent » ou plutôt « que j'ai de l'argent à perdre », l'expression doit être proverbiale, le sens en tout cas est clair.
25. *cum dicto :* « tout en parlant » ; *exculpere* : « enlever en creusant ; nettoyer l'intérieur ».
26. *pusio, -onis,* m. : « gamin » (*cf. puer, parvus*, etc.), formation péjorative dont on tire surnoms et sobriquets (*cf. homuncio*).
27. *dedolare* : « en prendre à son aise, s'en donner à cœur joie ».
28. *tractabat ludicre :* « elle jouait la comédie », *ludicre*, adv. formé sur *ludicer, -cra, -crum ; tractare* s'emploie avec des adverbes : « traiter (de telle ou telle façon) ».
29. *utroque opere perfecto* : « après avoir mené à bien les deux affaires ».

Questions

1. Étudiez le caractère des personnages en relevant systématiquement les termes exprimant leur comportement.

2. Appréciez l'art du dialogue et la vivacité du récit. Ne disposons-nous pas des éléments nécessaires pour jouer la scène ?

3. L'auteur nous invite-t-il à juger les coupables ? Plaignons-nous le mari trompé ? Quelle est d'après vous la fonction de l'ironie dans cette page ?

II — LE RÊVE D'UN MONDE MEILLEUR

1. La vie des premiers hommes

Lucrèce, *De rerum natura*, V, vers 933-971

Lucrèce ne se représente pas la vie des hommes primitifs sous les brillantes couleurs d'un âge d'or mythique : il voit bien que les conditions d'existence devaient être très dures et les chances de survie précaires. Dans une série d'antithèses, il oppose l'état de nature à la civilisation pour arriver à cette conclusion que la vie de nature est à tout prendre plus heureuse que la vie civilisée et que la misère y est moins profonde ; la vie des premiers hommes, si misérable qu'elle eût été parfois, était du moins une vie naturelle et simple, et prédisposait à la sagesse : c'est ce point de vue que discutera et contestera Sénèque (cf. *p. 185).*

Nec robustus erat curvi moderator[1] aratri
quisquam, nec scibat ferro molirier[2] arva,
nec nova defodere in terram virgulta[3], neque altis
arboribus veteres decidere[4] falcibus ramos.
Quod sol atque imbres dederant, quod terra crearat
sponte sua, satis id placabat[5] pectora donum.
Glandiferas inter curabant corpora quercus
plerumque ; et quae nunc hiberno tempore cernis
arbita[6] puniceo fieri matura colore,
plurima tum tellus etiam majora ferebat.
Multaque praeterea novitas tum florida mundi
pabula[7] dura tulit, miseris mortalibus ampla.
At sedare[8] sitim fluvii fontesque vocabant,
ut nunc montibus e magnis decursus[9] aquai
clarigitat late sitientia saecla ferarum.
Denique nota vagi silvestria templa tenebant[10]
nympharum, quibus e scibant umoris fluenta

lubrica proluvie larga lavere umida saxa,
umida saxa, super viridi stillantia[11] musco,
et partim plano scatere[12] atque erumpere campo.
Necdum res igni scibant tractare, neque uti
pellibus et spoliis corpus vestire ferarum,
sed nemora atque cavos montes silvasque colebant,
et frutices[13] inter condebant squalida membra,
verbera ventorum vitare imbresque coacti.
Nec commune bonum poterant spectare, neque ullis
moribus[14] inter se scibant nec legibus uti.
Quod cuique obtulerat praedae fortuna, ferebat
sponte sua sibi quisque valere et vivere doctus[15].
Et Venus in silvis jungebat corpora amantum ;
conciliabat[16] enim vel mutua quamque cupido,
vel violenta viri vis atque impensa libido,
vel pretium, glandes atque arbita vel pira lecta[17].
Et manuum mira freti virtute pedumque
consectabantur silvestria saecla ferarum
missilibus[18] saxis et magno pondere clavae ;
multaque vincebant, vitabant pauca latebris[19] ;
saetigerisque pares subus[20] silvestria membra
nuda dabant terrae nocturno tempore capti,
circum[21] se foliis ac frondibus involventes.

NOTES

1. *moderator, -oris,* m. : « celui qui dirige » ; le suffixe implique un certain savoir-faire, exclu à cette époque reculée ; *curvum... aratrum* : « le soc recourbé ».
2. *molirier* (= *-iri*) *arva* : « remuer la terre, la retourner », briser les mottes, *arva* : « terres labourées », se rattache au radical de *arare* comme *aratrum ; scibat* = *sciebat.*
3. *virgulta, -orum,* n. pl. : « petites branches, pousses » ; *defodio, -is, -ere, -fodi, -fossum* : « enterrer, enfouir ».
4. *decido, -is, -ere, -cidi, -cisum* : « enlever à, retrancher » ; *altis*

arboribus est le complément au datif de *decido, falcibus* (« avec des serpettes ») est complément de moyen.

5. *pectora placabat :* « apaisait leur faim », *cf.* v. 13 : *sedare sitim,* notez les effets d'allitération.

6. *arbita, -orum,* n. pl. : « arbouses », l'arbousier est encore appelé « arbre aux fraises » à cause de la couleur de ses baies ; *puniceo colore :* « rouge vif » (la pourpre venait de Phénicie) ; l'arbousier est un arbre commun dans les pays méditerranéens.

7. *pabulum, -i,* n. : « nourriture ; pâturage » (*cf. pasco* et *pascor)* ; *durus, -a, -um :* « rude, sans raffinement, sans apprêts ».

8. *sedare... vocabant :* « les appelaient à apaiser, à calmer », cette construction de *vocare* est poétique ; notez le parallélisme avec l'expression du vers 6.

9. *decursus aquai* (= *-ae*) « chute d'eau, torrent qui dévale la pente », le mot fait admirablement voir le cours d'eau en mouvement ; *clarigitare,* fréquentatif de *clarigo,* était ainsi défini par les anciens : *clara voce invitare* ; *saecla ferarum* : « bandes, hordes de bêtes sauvages ».

10. *tenebant* (*memoria)* : « ils retenaient » (l'emplacement) ; notez le rapprochement de *nota* (fruit de l'expérience) et *vagi* (promenades à l'aventure) ; *silvestria templa... nympharum :* « les sanctuaires des nymphes dans les bois », c'est-à-dire les fontaines consacrées aux nymphes ; *quibus e :* notez la place de la préposition, à la coupe ; *proluvie larga* : « par une vaste inondation, en les arrosant largement », appréciez l'effet d'harmonie imitative dû aux liquides.

11. *stillare :* « couler goutte à goutte », ce sont les pierres qui s'égouttent ; *muscus, -i,* m. : « mousse ».

12. *scato, -is, -ere* : « jaillir, bondir » ; pour le sens, il faut admettre une légère anacoluthe : *et (scibant aquae) partim :* « et ils savaient que certaines sources jaillissent en plaine ».

13. *frutices inter* : « au milieu des buissons » (*frutex, -icis,* m.).

14. *mores, -um,* m. pl. : « coutumes » ; *leges, -um,* f. pl. : « institutions, lois écrites ». Lucrèce montrera que les nouvelles découvertes ont créé de nouveaux besoins, dont nous devenons à notre tour dépendants.

15. *doctus* + infin. : « instruit, habile, habitué à », constr. poétique ; on peut hésiter sur le sens à donner à *sponte sua* : « de sa propre initiative, librement » ou « instruit qu'il était à trouver en lui-même et pour ses propres besoins le moyen d'entretenir ses forces et de vivre » ; ce dernier sens paraît meilleur.

16. *conciliabat... quamque :* « obtenait les faveurs (de chaque femme) », le sujet est *cupido / vis* et *libido,* etc. (notez la triple allitération en *v-*).

17. *pira lecta :* « des poires choisies » (encore un sujet de *conciliabat*).

18. *missilia saxa :* « des pierres qu'on lance », sans doute à l'aide de la fronde ; *clava, -ae,* f. : « mas-

sue » ; *magno pondere clavae* = *clavis ponderosis* : « de lourdes massues ».
19. *latebra, -ae,* f. : « cachette », *cf. lateo.*
20. *sus, suis,* m. : « porc, sanglier ».
21. *circum,* adv. : « tout autour » ; *se involvere* : « se rouler dans » ; le vers est spondaïque (le 5e pied est un spondée).

Questions

1. Justifiez la fréquence des énoncés négatifs. Quel point de vue le philosophe réfute-t-il ? Comment Lucrèce rend-il compte de la vie qui anime la nature ? Étudiez la valeur des adjectifs et les procédés de mise en valeur.

2. Résumez, d'après Lucrèce, les conditions de vie des hommes primitifs. À ce genre de vie s'oppose, directement ou de façon implicite, notre mode de vie : donnez quelques exemples de cette opposition.

3. Retrouvez le raisonnement de Lucrèce : soulignez la place qu'y tient l'analogie.

4. Scandez et commentez quelques vers qui vous paraissent particulièrement réussis.

2. Les Îles Fortunées

Horace, *Épodes*, 16, vers 39-66

Évoquant les malheurs de son temps, le poète invite ses contemporains à quitter le pays natal pour gagner ces îles mythiques où se concrétisent les rêves et les espoirs de chacun et où on disait qu'étaient accueillies après leur mort les âmes des justes. Horace a écrit cette épode au retour de Grèce, en 41 ou en 40, à une époque où la lutte pour le pouvoir, après l'assassinat de César et l'échec du second triumvirat, reprit avec une acuité particulière : toute négociation paraît alors bloquée. Les distiques de l'épode sont constitués d'un hexamètre dactylique suivi d'un sénaire iambique.

Vos, quibus est virtus[1], muliebrem tollite luctum,
Etrusca praeter et volate litora.
Nos manet Oceanus circumvagus ; arva, beata
petamus arva, divites et insulas,
reddit ubi Cererem[2] tellus inarata quotannis
et inputata floret usque vinea,
germinat et numquam fallentis termes[3] olivae
suamque pulla ficus[4] ornat arborem,
mella cava manant ex ilice[5], montibus altis
levis crepante lympha[6] desilit pede.
Illic injussae veniunt ad mulctra[7] capellae
refertque tenta grex amicus ubera,
nec vespertinus circumgemit ursus ovile[8],
neque intumescit alta viperis[9] humus ;
pluraque felices mirabimur, ut neque largis
aquosus Eurus arva radat[10] imbribus,
pinguia nec siccis[11] urantur semina glaebis,
utrumque rege temperante caelitum[12].
Non huc Argoo[13] contendit remige pinus
neque impudica Colchis[14] intulit pedem,
non huc Sidonii torserunt[15] cornua nautae,
laboriosa[16] nec cohors Ulixei ;
nulla nocent pecori contagia, nullius astri

gregem aestuosa[17] torret impotentia.
Juppiter illa piae secrevit[18] litora genti,
ut inquinavit[19] aere tempus aureum
aere, dehinc ferro duravit[20] saecula, quorum
piis secunda vate me[21] datur fuga.

NOTES

1. *virtus, -utis,* f. : « courage, héroïsme », qualités du guerrier (*vir*) ou du conquérant, opposées aux plaintes des femmes (*muliebris,* adj. tiré de *mulier, -eris,* f.). La direction prise est celle de l'Occident, baigné par l'Océan (*Oceanus circumvagus* ; il marquait la limite du monde) ; *manere,* tr. : « attendre ».

2. *Ceres, -eris,* f. : « récolte, moisson », métonymie fréquente ; notez le parallélisme de construction : *inarata (tellus) :* « la terre sans labour » ; *inputata (vinea) :* « la vigne n'a pas été taillée ».

3. *termes, -itis,* m. : « branche, rameau » ; *numquam fallentis (olivae) :* « de l'olivier qui ne déçoit jamais ».

4. *ficus, -us,* f. : « figue, figuier » ; *pullus, -a, -um* : « brun, foncé », c'est la couleur de la figue parvenue à maturité.

5. *ilex, ilicis,* f. : « yeuse, chêne vert » ; *manare :* « couler ».

6. *lympha, -ae,* f. : « eau », terme poétique ; appréciez la place des adjectifs par rapport aux noms.

7. *mulctrum, -i,* n. : « vase à traire », *cf. mulgeo, -es, -ere, mulsi, mulsum* : « traire » ; *tenta... ubera :* « les mamelles gonflées, distendues ».

8. *ovile, -is,* n. : « bergerie » (*cf. ovis, -is,* f.) ; *circumgemit :* « tourner autour en grognant, gronder autour de », est construit avec l'accusatif (complément de *circum).*

9. *vipera, -ae,* f. : « vipère » ; *intumescit* (*humus*) indique la terre qui semble se gonfler pour libérer les vipères après le sommeil d'hiver ; *alta (humus) :* « profond ; la terre en profondeur ».

10. *rado, -is, -ere, rasi, rasum :* « rayer, égratigner ; gratter ».

11. *siccis glaebis,* ablatif absolu : « quand la terre est desséchée ».

12. *caeles, itis* , m. *:* « habitant du ciel » : il s'agit bien entendu de Jupiter ; *utrumque... temperante* : « maintenant l'équilibre entre les deux ».

13. *Argous remex* (*-igis*, m.) : « le rameur de la nef Argo », proprement la Blanche ; le singulier prend valeur de collectif ; *huc,* adv. de lieu : « ici » (où nous sommes), répond à la question *quo ?*

14. *impudica Colchis* : Médée, « la Colchidienne qui ne respecte rien ».

15. *torqueo, -es, -ere, torsi, tortum :* « tourner » les antennes (*cornua)* de leurs bateaux, il faut comprendre : « ils se détournent de leur route pour arriver ici » ; *Sidonii nautae :* « les matelots de Sidon » en Syrie : pourquoi le poète les a-t-il choisis ? Est-ce une allusion à Didon ou plutôt à un épisode des guerres d'Orient ? C'était en tout cas un peuple de marins.
16. *laboriosa cohors* : « la suite (d'Ulysse), après bien des épreuves », on parle généralement de ses compagnons, *socii ; contagia, -orum,* n. pl. : « contacts, épidémies ».
17. *aestuosa... impotentia* : « les chaleurs insupportables ».
18. *secerno, -is, -ere, -crevi, -cretum* : « séparer, marquer une limite ».
19. *inquinare :* « salir, ternir ».
20. *durare* : « durcir (les siècles, la période) » : (Jupiter) leur a donné la résistance du fer.
21. *vate me* : « remplissant le rôle du devin, de poète inspiré » ; *fuga* résume le sujet du poème : « Fuir, là-bas fuir ! », dira Mallarmé.

Questions

1. Relevez et classez les adjectifs ; appréciez leur valeur plastique ou pittoresque, notez les connotations morales ; appréciez leur place par rapport au nom auquel ils se rapportent. On peut joindre aux adjectifs les participes employés en fonction d'adjectifs.

2. Dégagez à grands traits les qualités de cette Terre promise. Quel est le rôle de Jupiter ? Quels dieux interviennent par ailleurs dans la fresque ? Comment Horace parvient-il à exprimer l'harmonie qui règne au sein de la Nature ?

3. Précisez la fonction du poète. Comment le Bien et le Mal se définissent-ils d'après cet extrait ?

3. Les travaux des champs

Virgile, *Géorgiques*, II, vers 503-535

Après un siècle de guerres civiles, la paix répond au désir ardent de tous les citoyens. À l'agitation des citadins, intéressés et cupides, que les tentations assaillent de toutes parts, le poète oppose la vie dure mais saine des paysans, rythmée par le retour des saisons et les travaux des champs. Ayant passé un pacte avec la nature, le paysan est assuré de jouir du calme, de la sécurité, de la liberté ; il puise sa satisfaction dans l'affection des siens, la conscience de jouer un rôle essentiel dans la vie du pays et le sentiment d'incarner à la fois les anciennes vertus de Rome et les forces d'avenir.

Sollicitant alii[1] remis freta caeca ruuntque
in ferrum ; penetrant aulas[2] et limina regum.
Hic petit excidiis[3] urbem miserosque Penates,
ut gemma bibat et Sarrano[4] dormiat ostro ;
condit opes alius defossoque incubat[5] auro ;
hic stupet attonitus rostris ; hunc plausus hiantem
per cuneos[6], geminatus enim, plebisque patrumque
corripuit ; gaudent perfusi sanguine fratrum
exilioque[7] domos et dulcia limina mutant
atque alio patriam quaerunt sub sole jacentem.
Agricola incurvo terram dimovit[8] aratro :
hinc anni labor, hinc patriam parvosque nepotes
sustinet[9], hinc armenta boum meritosque juvencos ;
nec requies quin[10] aut pomis exuberet annus
aut fetu pecorum aut Cerealis mergite[11] culmi
proventuque oneret sulcos atque horrea vincat[12].
Venit hiems : teritur Sicyonia[13] baca trapetis ;
glande sues laeti redeunt ; dant arbuta silvae ;
et varios ponit fetus autumnus, et alte
mitis[14] in apricis coquitur vindemia saxis.
Interea dulces pendent circum oscula nati[15],
casta pudicitiam servat domus, ubera vaccae
lactea demittunt, pinguesque in gramine laeto
inter se adversis luctantur cornibus haedi[16].

Ipse dies agitat festos fususque per herbam,
ignis ubi in medio[17] et socii cratera coronant,
te, libans, Lenaee[18], vocat, pecorisque magistris
velocis jaculi certamina ponit in ulmo,
corporaque agresti nudat praedura palaestrae[19].
Hanc olim veteres vitam coluere Sabini[20],
hanc Remus et frater ; sic fortis Etruria crevit
scilicet et rerum facta est pulcherrima[21] Roma
septemque una sibi muro circumdedit arces[22].

NOTES

1. *alii :* « les autres », les habitants des villes par opposition aux paysans, le mouvement est assez semblable à celui de la première élégie de Tibulle ; *freta caeca* : « les mers aveugles », expression que les poètes emploient volontiers pour évoquer tous les dangers que recèle perfidement la mer.

2. *aula, -ae,* f. : « la cour » des rois ; *limen, -inis,* n. : « seuil » évoque bien les heures d'attente pour obtenir une faveur et la foule des courtisans venus pour la *salutatio* matinale ; *reges* s'emploie aussi pour désigner, d'une façon générale, les Grands de ce monde.

3. *excidium, -ii,* n. : « perte, destruction », l'expression est au datif (destination) et au pluriel pour marquer la répétition de l'action ; *miseros Penates* fait allusion à la population civile, la première à souffrir des guerres et surtout des combats fratricides ; *urbem* ne peut désigner que Rome : l'allusion est donc d'actualité.

4. *Sarranus, -a, -um :* « de Sarra », ancien nom de Tyr ; *ostrum, -i,* n. : autre nom de la pourpre (*purpura, -ae,* f.), tiré du coquillage qui la produisait et qui donnait la teinture la plus recherchée : c'est un symbole de luxe et de raffinement.

5. *incubare, -cubui* + dat. : « coucher sur » ; *defodio, -ere :* « enfouir, enterrer ».

6. *cunei, -orum,* m. pl. : « gradins » (ou plus exactement passages entre les travées de l'enceinte, *cavea*), la scène se passe au théâtre, les applaudissements (*plausus, -us,* m., singulier à valeur de collectif) signalent l'arrivée d'un grand personnage ; *hiare* : « ouvrir la bouche » en signe d'admiration ; *corripio, -is, -ere, -ripui, -reptum* : « saisir, surprendre ».

7. *exilio... mutant :* « ils échangent contre l'exil », autrement dit : « ils quittent leur maison pour l'exil », l'ablatif indique le moyen d'échange ; notez le changement de sujet et le passage du singulier au pluriel.

8. *dimoveo, -ere, -movi :* « fendre, retourner (la terre) » ; le poète insiste (reprise en anaphore de *hinc*) sur l'importance de ce premier labour.

9. *sustinere* : « faire vivre, entretenir » ; *armenta boum :* « les troupeaux de bœufs » ; *mereo, -es, -ere, merui, meritum* : « rendre des services, travailler pour quelqu'un ».

10. *nec requies quin* : « pas de repos sans que, avant que », c'est l'équivalent d'un adverbe : « sans relâche » ; la conjonction introduit les trois verbes au subjonctif qui suivent, *exuberet* (regorger de), *oneret* et *vincat.*

11. *merges, -itis,* m. : « botte, gerbe » ; *Cerealis culmus :* « blé ».

12. *vinco, -is, -ere, vici, victum* : « faire plier, faire céder ».

13. *Sicyonia baca* : « la baie de Sicyone » (ville d'Argolide près de Corinthe), « olive » ; *trapetum* ou *trapetus, -i* : « pressoir ».

14. *mitis, -e :* « doux sucré », l'adjectif a valeur proleptique (pour adoucir) ; *coquo, -is, ere, coxi, coctum* : « faire mûrir » ; *apricus, -a, -um* : « exposés au soleil ».

15. *nati :* « les enfants » ; *circum oscula :* « autour de ses baisers, à la recherche des baisers ».

16. *haedus, -i,* m. : « chevreau » ; notez la disjonction *pingues... haedi* qui invite à regarder au loin.

17. *ubi in medio (est) ignis et coronant :* « quand brûle (l'autel) situé au milieu et quand ses compagnons... », autrement dit les jours de fête ; *cratera,* acc. sing. grec.

18. Lenaeus, épithète de Bacchus, tirée du nom du pressoir en grec ; on donnait en l'honneur de ce dieu les fêtes des Lénéennes à Athènes : c'était, comme aux Dionysies, l'occasion de représentations théâtrales.

19. *palaestra, -ae,* f. : « terrain de sport, endroit où on s'entraîne », ici au datif (destination).

20. Les Sabins, souvent appelés *prisci Sabini,* étaient connus pour leur piété (leur figure emblématique est le roi Numa Pompilius, fondateur de la religion romaine) et réputés pour conserver scrupuleusement les valeurs du passé.

21. *rerum... pulcherrima* : « la plus belle chose, la merveille du monde », on peut hésiter sur la fonction de l'adjectif, épithète de *Roma* ou attribut.

22. *arx, arcis,* f. : « citadelle », c'est aussi le nom des collines de Rome.

Questions

1. Énumérez les avantages de la vie à la campagne par une étude précise du vocabulaire ; relevez notamment les verbes d'action.

2. Quelles fautes le poète dénonce-t-il dans les comportements qu'il décrit, vers 1-10 ? Son point de vue est-il le même que celui de Tibulle (I, 1, v. 1-45) ?

3. À quelles valeurs Virgile tient-il le plus ?

4. L'âge d'or

Sénèque, *Lettres à Lucilius*, XC, 37-42

L'âge d'or représente pour chacun la somme de ses rêves : il n'inspire pas seulement le regret du passé mais porte en lui la promesse d'un monde meilleur. Dans certains systèmes, en particulier chez les philosophes stoïciens, le monde, au bout d'une longe période, sera détruit par le feu purificateur qui le libérera du mal accumulé pendant des siècles. Sénèque oppose ici la sécurité des premiers hommes aux tracas de la vie actuelle avant d'arriver à cette conclusion : ils n'étaient cependant pas parfaitement heureux. Il manquait à leur bonheur la conscience morale : ignorantia rerum innocentes erant *: « c'est leur ignorance qui faisait leur innocence », et il ajoute :* multum enim interest utrum peccare aliquis nolit an nesciat. Deerat illis justitia, deerat prudentia, deerat temperantia ac fortitudo *: « Ce sont choses bien différentes de ne pas vouloir et de ne pas savoir faire le mal. Il leur manquait la justice, il leur manquait la prudence, il leur manquait le modération, la force d'âme. » Cette question qu'aborde Sénèque avec Lucilius avait été soulevée par son maître Posidonius.*

Statum quidem generis humani non alium quisquam suspexerit[1] magis, nec si cui praemittat deus terrena[2] formare et dare gentibus mores, aliud probaverit quam quod apud illos fuisse memoratur, apud quos

[...] *nulli subigebant[3] arva coloni ;*
ne signare[4] quidem aut partiri limite campum
fas erat ; in medium quaerebant[5], ipsaque tellus
omnia liberius nullo poscente ferebat.

Quid hominum illo genere felicius ? in commune rerum natura fruebantur : sufficiebat[6] illa ut parens in tutelam omnium, haec erat publicarum opum[7] secura prossessio. Quidni[8] ego illud locupletissimum mortalium genus dixerim in quo pauperem invenire non posses ? Inrupit in res optime positas[9] avaritia et, dum seducere aliquid cupit atque in suum vertere, omnia fecit aliena et in angustum se ex immenso redegit. Avaritia paupertatem intulit et multa concupiscendo omnia amisit. Licet itaque nunc conetur[10] reparare quod perdidit, licet agros agris adiciat vicinum vel pretio pellens eis vel injuria, licet in provinciarum spatium[11] rura dilatet et possessionem vocet per sua longam peregrinationem : nulla nos finium propagatio eo reducet unde discessimus. Cum omnia fecerimus, multum habebimus : universum habebamus. Terra ipsa fertilior erat inlaborata et in usus populorum non diripientium[12] larga. Quidcquid natura protulerat, id non minus invenisse quam inventum monstrare alteri voluptas erat : nec ulli aut superesse poterat aut deesse, inter concordes dividebatur. Nondum valentior imposuerat[13] infirmiori manum, nondum avarus abscondendo quod sibi jaceret[14], alium necessariis quoque excluserat : par erat alterius ac sui cura. Arma cessabant[15] incruentaeque humano sanguine manus odium omne in feras verterant. Illi quos aliquod nemus densum a sole protexerat, qui adversus saevitiam hiemis aut imbris vili receptaculo tuti[16] sub fronde vivebant, placidas transigebant sine suspirio noctes. Sollicitudo nos in nostra purpura versat[17] et acerrimis excitat stimulis : at quam mollem somnum illis dura tellus dabat !

NOTES

1. *suspicio, -is, -ere, -spexi, -spectum :* « regarder avec admiration, admirer », le verbe est au subjonctif parfait (affirmation atténuée, *cf. probaverit* et plus loin *dixerim*) ; *non... quisquam = nemo* (avec insistance sur l'idée négative).

2. *terrenus, -a, -um*, « terrestre », le neutre pluriel désigne ici « la planète, le monde terrestre » ; *formare* : « façonner » ; *nec aliud quam quod* : « pas une autre (espèce) que celle qui... », c'est la construction usuelle de *non alius* (mais on dit *alius ac, atque)* ; *memorare* : « raconter ».

3. *subigo, -is, -ere, -egi, -actum :* « soumettre (à son service), travailler (la terre) ». La citation est tirée de Virgile, *Géorgiques,* I, vers 125-129, le vers commence par ces mots *Ante Jovem,* que le philosophe n'a pas cru nécessaire de reprendre.

4. *signare :* « mettre un signe, marquer » ; *partiri :* « séparer », c'est déjà presque le sens du français *partir* ; *limes, -itis,* m. : « chemin, sentier ».

5. *quaero, -is, -ere, quaesivi, -situm* : « se procurer », ici « produire, récolter » ; *in medium :* « pour la communauté, en mettant tout en commun », l'idée est reprise ensuite sous une forme légèrement différente : *in commune fruebantur.*

6. *sufficio* (*-is, -ere, -feci, -fectum*) *in tutelam :* « suffire à protéger, être capable, avoir la force de défendre ».

7. *publicae opes* : « la richesse générale, les ressources communes ».
8. *quidni...* ? : « pourquoi ne... pas ? », c'est une variante de *quin,* qui équivaut à une forte affirmation.
9. *res optime positae* : « une fortune parfaitement stable, un équilibre parfait » ; le sujet du verbe d'action est un nom abstrait, ce qui révèle un effet de style qu'on retrouve dans les phrases suivantes ; *seducere :* « détourner, prendre pour soi ».
10. *licet conetur :* « elle a beau essayer », le sujet est toujours *avaritia* ; *licet* + subj. joue le rôle d'une conjonction adversative et a le sens de *etsi* ; *pellens eis* (= *agris*).
11. *in provinciarum spatium* : « à la taille, la dimension d'une province », *dilatare* : « étendre » ; *per sua longam peregrinationem* est attribut de *possessionem.*
12. *diripio, -is, -ere, -ripui, -reptum* : « piller, arracher, se disputer (un bien) ».
13. *imponere manum alicui :* « porter la main sur » ; notez l'emploi des comparatifs pour opposer deux comportements.
14. *jaceo, -ere, jacui :* « rester immobile, improductif », *cf.* français *jachère* ; *alterius* sert de génitif à *alius, sui* est le génitif du pronom possessif de 3e personne.
15. *cessare,* fréquentatif de *cedo :* « suspendre son activité, se retirer » ; notez la violence de l'image *incruentae humano sanguine manus :* « les bras qui ne sont plus souillés par le sang des hommes », *cf. cruor, -oris,* m., et *sanguis, -inis,* m.
16. *tutus, -a, -um,* ancien participe de *tueor :* « protégé, à l'abri » ; *receptaculum :* « refuge, asile ».
17. *versare* : « agiter », image très concrète de l'inquiétude qui force l'insomniaque à se retourner dans son lit, *in nostra purpura.*

Questions

1. Quels sont les signes du passage de l'âge d'or à l'âge de fer ? Sur quels points les regrets de Sénèque portent-ils ?

2. Définissez les relations de l'homme avec la nature à la lumière de cette page. Énumérez les torts des hommes à son égard. En quoi leur punition consiste-t-elle ?

3. Quels procédés l'auteur utilise-t-il pour opposer les deux règnes ? Vous tenterez de distinguer les faits de langue des procédés de style. Relevez et commentez quelques maximes et expressions paradoxales.

VERSIONS

1. L'inspiration élégiaque

Ite procul, Musae, si non prodestis amanti :
non ego vos, ut sint bella canenda, colo,
nec refero Solisque vias et qualis, ubi orbem
complevit, versis Luna recurrit equis ;
ad dominam faciles aditus per carmina quaero :
ite procul, Musae, si nihil ista valent.

2. L'argent a tué l'amour

[O pereat quicumque legit viridesque smaragdos
et niveam Tyrio murice tingit ovem !]
Hic dat avaritiae causas et Coa puellis
vestis et e rubro lucida concha mari ;
haec fecere malas ; hinc clavim janua sensit
et coepit custos liminis esse canis ;
sed pretium si grande feras, custodia victa est
nec prohibent claves et canis ipse tacet.

3. La comédie de l'amour

Quod licet et facile est, quisquis cupit, arbore frondis
carpat et e magno flumine potet aquam !
Si qua volet regnare diu, deludat amantem !
Ei mihi ! ne monitis torquear ipse meis !
Quidlibet eveniat, nocet indulgentia nobis ;
quod sequitur, fugio ; quod fugit, ipse sequor.

4. L'art des compliments

[Conloquii jam tempus adest. Fuge, rustice, longe
hinc, Pudor ; audentem Forsque Venusque juvat.
Non tua sub nostras veniat facundia leges ;
Fac tantum cupias ; sponte disertus eris.]
Est tibi agendus amans imitandaque vulnera verbis ;
Haec tibi quaeratur qualibet arte fides.
Nec credi labor est ; sibi quaeque videtur amanda ;
pessima sit, nulli non sua forma placet.
Saepe tamen vere coepit simulator amare ;
saepe quod incipiens finxerat esse, fuit.

5. Un amour éternel

Jucundum, mea vita, mihi proponis amorem
hunc nostrum inter nos perpetuumque fore.
Dei magni, facite ut vere promittere possit,
atque id sincere dicat et ex animo,
ut liceat nobis tota perducere vita
aeternum hoc sanctae foedus amicitiae.

6. Le poète malade

[Non qui soletur, non qui labentia tarde
tempora narrando fallat, amicus adest.]
Lassus in extremis jaceo populisque locisque,
et subit adfecto nunc mihi quidquid abest.
Omnia cum subeant, vincis tamen omnia, conjux,
et plus in nostro pectore parte tenes.
Te loquor absentem, te vox mea nominat unam,
nulla venit sine te nox mihi, nulla dies.
[Quin etiam sic me dicunt aliena locutum
ut foret amenti nomen in ore tuum.]

7. Non, Hélène n'est pas coupable

[Dum Menelaus abest, Helene, ne sola jaceret,
hospitis est tepido nocte recepta sinu.
Quid stupor hic, Menelae, fuit ? tu solus abibas ;]
isdem sub tectis hospes et uxor erant.
Accipitri timidas credis, furiose, columbas ;
plenum montano credis ovile lupo.
Nil Helene peccat ; nihil hic committit adulter :
quod tu, quod faceret quilibet, ille facit.

8. Retour inespéré

[Si quicquam cupido optantique obtigit umquam
insperanti, hoc est gratum animo proprie.]
Quare hoc est gratum nobis quoque, carius auro,
quod te restituis, Lesbia, mi cupido,
restituis cupido atque insperanti, ipsa refers te
nobis. O lucem candidiore nota !
Quis me uno vivit felicior, aut magis hac res
optandas vita dicere quis poterit ?